Rの異常な愛情

―或る男の日本語ラップについての妄想―

R-指定

目次

第1章
Rの異常な愛情

本書は２０１８年12月から翌年８月にかけて高田馬場ＢＳホールで定期的に開催されたトークイベントに基づく。聞き手は音楽ライターの高木〝ＪＥＴ〟晋一郎がつとめる。

—本書の表記について—

アルバム／シングル盤／EPなどのパッケージされたものは『〇〇』
曲名については〝〇〇〟
歌詞は〈〇〇〉
会話部や強調固有名詞、韻の解説は「〇〇」と表記（例外あり）。

1 時間の遅刻でスタート

――今回からスタートする『Rの異常な愛情』ですが、R-指定はしっかり1時間遅刻してきまして。

R すいません。完全に寝坊です（笑）。昨日の晩に計画を練りすぎて。来る電車の中で今回の1曲目は**スチャダラパー**の**〝The Late Show〟**にしようと思ってました。

――反省してないな、こりゃ（笑）。

R Boseさんも ANIさんもずっと遅刻の言い訳をしてる曲、「何をもって遅刻なのか？」みたいな（笑）。

――ずっと屁理屈を言い続ける。

R でも最終的に「遅刻は遅刻だぞ」で締めるって構成も素晴らしい。

――だからあなたも遅刻は遅刻ですよ（笑）。

R ただ、日本語ラップには**「ギドラ入り」**という伝統もあって。

――ハハハ！ 日本語ラップを基に色んな言い訳が思いつくな（笑）。

スチャダラパー
88年に結成されたBose、ANI、SHINCOによるラップグループ。〝今夜はブギー・バック〟など、日本語ラップのメジャー化に大きな貢献を果たしているグループ。アルバムに『fun-key LP』（98年）など。

〝The Late Show〟
スチャダラパーの5thアルバム『5th Wheel 2 the Coach』（95年）に収録。

ギドラ入り
ライヴやイベントの本番ギリギリの時刻に現場に到着すること。ラップグループ：キングギドラのメンバーが集合時間に遅れて到着することから生まれたことば。

R　日本語ラップでいろいろ言い訳を考えるイベントではなかった（笑）。

――そういう様々な影響を含めて、Rくんに日本語ラップについて語り尽くしてもらうというのがこの企画の趣旨ですね。

R　この企画は「何がありで何かなしか」みたいに「批評」をするんじゃなくて、とにかく「日本語ラップの様々な面白さ」を紹介していきたいんですよね。

――そして事実関係だけを洗い出すんじゃなくて、体験者としてのR-指定の視点や分析、そして「妄想」を込めて話していければと。

R　そう、「こうやないかな……こうに違いない！」という俺の妄想も込みです（笑）。それを続けることで、最終的には日本人のラッパーの地位を向上させたい。**Zeebra**さんがレッドブルの企画で制作した**"64 Bars"**で〈即韻吐く国賓クラス職人ＲＡＰ〉ってラップしてますけど、ジブさんは国賓クラスやと俺は思ってるし、あの世代の人でいまも現役でシーンを引っ張ってる人は、働かなくても国からお金が出てもいいんじゃないかなと（笑）。

――人間国宝的な。

R　それぐらい、すごい偉業を成し遂げたと思うんですよね。ただ、ラップ

Zeebra
71年生まれのラッパー、ヒップホップ・アクティビスト。93年に結成したキングギドラのメンバーとしてシーンを牽引し、97年にソロデビュー。R-指定が出演するTV番組『フリースタイルダンジョン』のメインMCを務める。

64 Bars
Red Bull Musicが主催するニュージーランド発のHIP HOP映像シリーズ。1MCのリリックと1ビートだけで構成される64小節のモノクロ映像を公開している。日本版では、GADORO、DIAN、SHINGO★西成、輪入道、LIPSTORM、EGO、SIMON JAP、Tiji Jojo、Zeebraらが参加。

は流行り廃りのサイクルが早いし、登場したときはどれだけ新しい技術を開発したラッパーでも、その技術が普遍化していって、その次の世代が現れると、その新しかったテクノロジーの凄味やラッパー自身の技術力が、忘れ去られてしまうことがあるなと。それがすごく悲しいことやと思うんですよね。

——音源やインタビューという資料には記憶や記録は残るけど、その「衝撃」が次の世代に伝わるとは限らないよね。

R　そうなんです。でも、落語のような世界やと、凄いもの、尊いものは古典として引き継がれていく。ラップもそういう風に伝えていければと思って、この企画をスタートさせたんですよね。

——そういうロストテクノロジーというか、アンダーレイテッドなアルバムとして、Rくんと僕が共通して古典化すべきという話で共通したのが**随喜と真田2˙0**の『FESTA E MERDA DI TORO』というアルバムで。

R　めちゃくちゃ名盤なんですよ。皆さん知ってますよね？　随喜と真田。

（あまり反応が芳しくない会場）

R　……ふざけるな!!

随喜と真田2˙0
餓鬼レンジャーのポチョムキン（随喜）とMICADELICの真田人（真田）によるヒップホップユニット。

『FESTA E MERDA DI TORO』

07年に発表された随喜と真田2˙0の1stアルバム。総勢57人のラッパーによるマイクリレー曲〝WALK THIS WAY 58〟を収録。57人なのに「58」なのはHIDADDYが二回参加しているため。

――出た時点で誰もが名盤と認めた作品じゃなかったからね（笑）。
R でも、とにかく最高のアルバムなんですよ。随喜は**餓鬼レンジャー**のポチョムキンさん、真田は**MICADELIC**の真田人さんで、二人のコラボアルバムなんですよね。
――その稀代のラップ巧者の二人のタッグアルバムだから、とにかく「ラップの巧さ」が詰まった作品で。
R しかも日本語のライミングという点でもこんだけ面白い表現があるんやっていう気づきもたくさんある。真田人さんの〈タッキー&翼おっさん版随喜&真田オンザ盤〉は名パンチラインですよね。
――一瞬でもあの二人が自分たちをタッキー&翼に准えたのには戦慄しますね（笑）。……っていう話を延々としようと思うんですけど大丈夫でしょうか？
R このイベントは「為になる日本語ラップ史」とかではないですからね。
――何にも為にならないので、覚悟するか諦めてください（笑）。
R ホンマに俺らが好きなラップの話をするだけって感じなんで。

餓鬼レンジャー
95年に結成されたヒップホップグループ。現メンバーはYOSHI、ポチョムキン、GP、タコ神様、DJオショウ（第3章を参照）。

MICADELIC
98年に結成された、ダースレイダー、真田人、DJオショウからなるヒップホップユニット。アルバムに『娯楽の殿堂』（01年）など。解散はしていない。

ECD
60年生まれのラッパー、作家。80年代の日本のヒップホップ黎明期から活動。89年にヒップホップコンテスト「CHECK YOUR MIKE」、96年には伝説的イベント「さんぴんCAMP」を主催。反原発、反レイシズム運動にも参加した。18年に死去。アルバムに『Three Wise Monkeys』（15年）など。

SOUL'd OUTの衝撃

——とは言えRくんをメイントーカーに据えるイベントなので、まずはR-指定という人間が、日本語ラップにハマったその入り口から、第一回目は紐解いていきたいと思います。

R 僕は1991年生まれなんですけど、僕の世代は、わりとヒップホップや日本語ラップに関して、ニュートラルというか、フラットな視点で聴いてるやつが多いと思うんですよ。ハードコアも、メジャーで活躍しているポップなラップも、ごちゃまぜで聴いてる世代。

——**ECD〝MASS 対 CORE feat.YOU THE ROCK & TWIGY〟**の呪いにかかってない世代というか。

R 〝公開処刑〟の呪いには一瞬かかりましたけどね……(笑)。だから俺と同い年の**唾奇**や**Jinmenusagi**も、多分その両方を通って来てると思うんですよね、多分。その中で俺の入り口になったのは**SOUL'd OUT**。中1の時やから、2004年で俺は13歳やったんですけど、地元のなか卯で家族で

〝MASS 対 CORE feat.YOU THE ROCK & TWIGY〟
ECDの4thアルバム『ホームシック』(95年)に収録。当時の「J-RAP」というメディアにおけるパッケージに対して、当時のアンダーグラウンドシーンからの回答となった1曲。

唾奇
91年生まれのラッパー。沖縄を拠点として活動する。クリエイター集団:Pitch Odd Mansionに所属。作品に唾奇×Sweet Williamでの『Jasmine』(17年)など。

Jinmenusagi
91年生まれのラッパー。00年代後半からインターネット上に音源をアップし活動開始。15年にレーベル「インディペンデント業放つ」を立ち上げる。作品に『ジメサギ』(15年)など。

昼飯を食ってたら、ＢＧＭで**〝1,000,000 MONSTERS ATTACK〟**が流れ出して。もう衝撃ですよね。親子丼食ってたら急に「アッオゥアッオゥ」って声が流れてきて、「何ですかこれは！　鳴き声ですか!?」と（笑）。

——謎の**怪鳥音**が（笑）。

R　それで速攻で地元のツタヤでレンタルしたのがキッカケだったんですよね。（Ｒ註：当時近所にタワレコ等が無かった為チャリでいける範囲のツタヤに、そして金も無いからレンタルでした。先輩方すみません……大人になってからちゃんとお金出して買いました。大目に見てください……）

——どういった部分に中学生だったＲ-指定は衝撃を受けたの？

R　やっぱり、いい意味で「変」だったんですよ。それまで聴いてきた音楽とは明らかに違った。何を言ってるか全然分からないんですけど、それでも聴いてると、自分の耳がむちゃくちゃ気持ち良い。で、その分からん言葉は本当は何て言ってるのかと思って、借りてきて歌詞カード読んでも……何を言ってるか分からなかった（笑）。

——迷宮入りだ（笑）。

SOUL'd OUT
99年に結成されたDiggy-MO'、Bro.Hi、Shinnosukeによるヒップホップグループ。個性的な声とフロウによるラップとキャッチーなトラックで人気を博す。14年に解散。作品に『To All Tha Dreamers』（05年）など。

〝1,000,000 MONSTERS ATTACK〟

04年に発表されたSOUL'd OUTの5thシングル。

怪鳥音
ブルース・リーが発する、「アチョー」などの言語を超越した発声法。

R　〈だからそう焦っちゃダメ I SET YA FREE 地下潜ってGOOD DAYS送り溢れ出すCREATIVITY DE-VE-DE, DE-VE-DE-VE-DE〉……いまだに分からない（笑）。でも、あんだけ気持ちよくフロウさせるスキルに——スキルって言葉も当時は知らなかったと思うけど——感動したし、歌詞カードを見て、自分もそれをラップできるようになりたい、って。とにかくDiggy-MO'さんもBro.Hiさんも二人とも歌唱法として超絶にラップが巧いんで。

——聴いてても耳気持ちいいし、ラップしてみると口気持ちいいという。

R　だから何を言ってるかは分からないけど、とにかく真似してましたね。〈ア アラララァ ア アァ！〉って部分も（笑）。スキャット的な面白さがあったし、USのヒップホップでいったら**DasEFX**の影響を受けてるのかなって。

——**"They Want EFX"**みたいな、語感で楽しませる言葉遊びとか。

R　あと**アウトキャスト**の影響はかなり強く受けてると思います。日本だとサザンオールスターズとかにも影響受けてそう……。

——"愛の言霊 ～Spiritual Message～"の感覚に近いのかな。ただ、SOUL'd OUTは当時の日本語ラップシーンからはかなり拒否反応が強かったんだよね。

DasEFX
90年代に活動したニューヨークの2人組ラップデュオ。「ディギディ・ディギディ」などのオリジナルな言葉遊び・造語は流行語に。

"They Want EFX"
DasEFXの1stアルバム『Dead Serious』（92年）に収録。

アウトキャスト
92年に結成されたアンドレ・3000、ビッグ・ボーイによるヒップホップユニット。アルバム『Stankonia』（00年）、『Speakerboxxx / The Love Below』（03年）が大ヒット。キャッチーな楽曲でブレイクする一方、R&B、ジャズ、ロックの要素を積極的に取り入れるなど音楽的実験も追求した。

R　**Kダブシャイン**さんが、SOUL'd OUTを曲の中でディスったという。

――〝なんでそんなに〟の〈変な曲 何語だそれ？ そうだ そういやSell Outの過去形〉というラインがSOUL'd OUTへのディスだと言われてて。というか、明らかにそのラインはSOUL'd OUTに向けてるよね。

R　実はそのアンサーだと言われてる曲が、SOUL'd OUTにもあるんですよ。**〝ラジカルメッセージ―Culture Of Destruction―〟**がそうじゃないか……と言われてるんですが、聴いてみるとどこにKダブさんへのアンサーがあるかが分からない（笑）。

――そうなの？（笑）。

R　SOUL'd OUTの3人の部屋に案内するっていう曲なんですよ。だから自分たちのフィールドでKダブさんを迎え撃つっていうアンサー曲やと思って聴いたら〈Diggyのお部屋 WOO,WOO Bro.Hiのお部屋 WOO,WOO Shinちゃんのお部屋 お入んなさいな COME TO THA ROOM〉っていうリリックから始まって。そして聴いていって、部屋に招き入れられても、どこにアンサーがあるか、その部屋の中には見当たらなかったですね（笑）。

Kダブシャイン
68年生まれのラッパー。93年にメンバー及びリーダーを務めるキングギドラを結成。97年にアルバム『現在時刻』からソロ活動を開始。社会的、政治的な題材をリリックに数多く取り上げる。「渋谷のドン」として知られる。作品に『新日本人』（16年）など。

〝ラジカルメッセージ―Culture Of Destruction―〟
SOUL'd OUTの5thシングル『1,000,000 MONSTERS ATTACK』（04年）に収録。

――部屋のどこの引き出しを開けても（笑）。

R　どこかにあったんでしょうけど、俺ではちょっと探せなかった（笑）。

――当時はビーフと勘ぐりがかなりシーンを支配してた部分があったから、Kダブさんのリリックは明確にディスしてるかも知れないけど、〝ラジカルメッセージ―Culture Of Destruction―〟は「そういう見方」をされただけかも知れないね。まさに妄想で。

R　SOUL'd OUTのリリック自体が明快では無いですからね。

Zeebraとライムスターから学んだこと

R　そこで日本語ラップを聴き始めて、ツタヤの日本語ラップコーナーでCDをレンタルするようになって、内容や意味まで理解して「ラップってこういう構造があるんや」「なるほど。こういうこと言ってんのか」って理解したのが、Zeebra**『THE RHYME ANIMAL』**やったり、**ライムスター『ウワサの真相』『グレイゾーン』**だったんですよね。そういう音楽が僕にとって衝撃やったのは「自分のことを歌ってる」っていう部分だったんですよね。

『THE RHYME ANIMAL』

98年に発表されたZeebraの1stアルバム。

RHYMESTER

89年に結成された宇多丸、Mummy-D、DJ JINによるヒップホップグループ（第6章を参照）。

『ウワサの真相』

01年に発表されたライムスターの4thアルバム。

それまでは歌謡曲とかJ-POPとか聴いてたから、自分のことをそこまで押し出さない歌詞が基本的には多かった。でも、ジブさんやライムスターは、「俺がZeebra」とか「Dマザファッカー」、「宇多丸師匠」って、自分の名前を言った上で、俺は何者で、何を歌うのか、ってことを明確にする。それがすごく刺激的だったんですよね。

――Zeebraやライムスターをレンタルした理由は？

R　「この名前、聞いたことあるぞ」って。堺の中学生でも、その二組は名前を知ってましたね。それで他のCDを見てたら、**ラッパ我リヤ**のCDがあって、その時は我リヤのことは知らなかったんですけど、手にとったら「ああ、竹中直人さんがラップしてるグループがあんねや、聴こう」って（笑）。

――ハハハ。誰を間違えたの？

R　山☮マンさん。山☮マンさんのスキンヘッドを見て、それが竹中直人さんだと誤認識して、「あれだけ俳優として活躍してる竹中直人さんのラップか！　聴きたい！」って（笑）。まあ借りて聴いたら全然違うってことに気付くんですけど。

『グレイゾーン』

04年に発表されたライムスターの5thアルバム。

ラッパ我リヤ

93年に三善／善三と共に結成された、現在はMr.Q、山☮マン（山田マン）、DJ TOSHIによるヒップホップグループ。押韻主義のハードコアスタイルのグループとして知られる。アルバムに『ULTRA HARD』（17年）など。

――その場で気づけって（笑）。

R　聴いたら「山☮マン参上」ってラップしてて、「これは竹中さんじゃない！山☮マンって人や！」（笑）。ラップの情報を教えてくれる友達も、インターネットもなかったから、自分の勘と勝手な決めつけ、そして脳内補完でディグっていくしかなかった（笑）。

――ジブさんの『THE RHYME ANIMAL』を聴いての感触は？

R　このアルバムは2曲目のめちゃくちゃ韻踏みまくってる〝ORIGINAL RHYME ANIMAL〟がいまは一番好きなんですけど、中学の時に僕はバスケ部だったのもあって、〝I'M STILL NO.1〟に感化されましたね。ジブさんが「自分はナンバーワンだ」という宣言を、ボクシング、バスケ、ラップバトルと1ヴァースごとに例えていくっていう3ヴァース構成の曲で、そのバスケのパートはすごく入り込みやすかった。バスケ部やったんで……。

――この曲はジブさんがトラックも手がけられていて。

R　声ネタも**KRS・ワン**を使ってて。

――**Boogie Down Productions**の**〝I'M STILL #1〟**。KRS・ワンはジブさ

KRS・ワン
80年代中盤からBoogie Down Productionsのメンバーとしてキャリアをスタートさせ、現在もソロとして活動。ヒップホップにおける最初期のビーフである「The Bridge Wars」や、ポリティカルなラップも早い段階で手掛けた。

Boogie Down Productions
87年に結成された、KRS・ワン、Dナイス、スコット・ラ・ロックによるヒップホップグループ。ニューヨーク・ブロンクス区で活動。

〝I'M STILL #1〟
Boogie Down Productionsの2ndアルバム『By All Means Necessary』（88年）に収録。

んも尊敬してることを公言してるラッパーだし、ライヴ盤のベスト作として『Live Hardcore Worldwide』（91年）を挙げていたこともあって。〝I'M STILL #1〟の元ネタである**ALL THE PEOPLE〝Cramp Your Style〟**はライムスターが**〝報復（PAY BACK）'95〟**のライヴバージョンで使っていたり。

R　韻の部分で**UBG**のメンバーがラップを被せるのも格好良かった。中学校の時、俺の周りでラップを聴く友達でカラオケに行ったら、絶対に〝I'M STILL NO.1〟をみんなで歌ってたし、未だにその連中とカラオケに行っても歌います（笑）。いま聴き直しても、この『THE RHYME ANIMAL』は完璧なアルバムで、ジブさんのラップは一旦完成してると思うんですよね。

――ジブラさんが自ら手がけてるトラックはサウンドの沿革がパッキリしたものが多いし、**DJ KEN-BO**さんの手がけた**〝PARTEECHECKA（Bright Light MIX）〟**はタイトル通りとにかく明るい。加えて、当時「妖怪トラック」とも言われた**INOVADER**さんの粘着質なビートも多くて、そのサウンドのバランスも素晴らしいよね。

R　その中で、**T.A.K THE RHYMEHEAD**さんと一緒に制作されたバック・

ALL THE PEOPLE
70年代にマイアミで活動したファンクバンド。

〝Cramp Your Style〟
72年に発表されたALL THE PEOPLE のシングル楽曲。『Ultimate Breaks & Beats Vol.21』にも収録。

〝報復(PAY BACK)'95〟
ライムスターのインディーズ2nd シングル『PLUS ALPHA』（95年）に収録。

UBG (URBARIAN GYM)
90年代後半にZeebraを中心に結成されたヒップホップクルー。UZI、T.A.K THE RHYMEHEAD、OJ & ST、DJ KEN-BO、INOVADER らが所属。10年に解散。

イン・ザ・デイ曲〝**永遠の記憶**〟は、**Dragon Ash〝Grateful Days feat. ACO, Zeebra**〟のジブさんヴァースの前日譚だと思うんですよね。

――という妄想（笑）。

R そうやったらいいなっていうか、俺がジブさんやったらそうやろな、っていう（笑）。客演のT.A.K THE RHYMEHEADさんもすごいラップ巧者で、間をすごく大事にして、ずっとレイドバックした不思議なラップするんですよね。このゆるくてレイドバックしてて、ちょっとおしゃれで格好いいっていう系譜は、**5lack**さんに通じてるんじゃないかなと。このぐらいレイドバックしたラッパーって当時いたんですか？

――相当珍しかったと思う。T.A.K The Rhyme Head名義での〝**銀河探検鬼Remix**〟での、前ノリなのかレイドバックなのかも分からない独特のタイム感のあるフロウは、当時とにかく衝撃だった。

R しかも〝永遠の記憶〟ではジブさんが結構しっかりと小節のケツで韻を踏んでいくのに対して、T.A.K THE RHYMEHEADさんは変なところで韻を踏むっていう対比も素晴らしい。〈危険さえ 顧みない 12年前〉の「危険さえ」

DJ KEN-BO
10代よりDJのキャリアをスタートさせ、並行してダンサーとして「DADA L.M.D」（テレビ朝日）などに出演。以降はDJとしてフロアDJはもちろん、ZeebraのDJ、そしてトラックメイカーとしても活動。また「高校生RAP選手権」のブレイクDJを務めるなど、活動は多岐にわたる。

PARTEECHECKA (Bright Light MIX)
『THE RHYME ANIMAL』に収録。

INOVADER
DJ／トラックメイカー。T.A.K The Rhhhyme'らと共に3A BROTHERSを結成し、解散後はトラックメイカーとしてZeebraやUZI、AKTIONなどのプロデュースを手掛ける。

と「12年前」が掛かってる部分とか、〈原宿から渋谷行けば きっと いるかジブラ〉みたいな変則的な踏み方とか。最初これが巧いのかどうかが、理解出来なかったんですけど、ラップが分かるようになるとメチャ巧いって気づくし、このスタイルはいま出てきても新しく感じると思うんですよね。

——T.A.K THE RHHHYMEとしてリリースした『**CITIZEN OF THE WORLD**』でも、当時**カニエ・ウェスト**が流行らせたサンプルの早回しを日本の歌謡曲でやったりして、やることがすごく早かったんだよね。UBGはフリースタイルも早くからやってたというし。

R だから、今となっては当たり前になってる技術とかを先にやってたりしてて、素晴らしいラッパーなんです。話をジブさんに戻すと、〝永遠の記憶〟の〈中坊の俺は 家に帰らず 学校の帰りまず 街に繰り出す〉って、ホンマに〝Grateful Days〟の前日譚感があるんですよね。そして〈色々あった 10代の夏 ライターのガス 吸って 死んだ奴〉とか、田舎の中学生からしたら物騒すぎて……（汗）。俺もその10代の夏の真っ只中に聴いてるんやけど、ライターのガスを吸って死んだやつは周りにおれへんな、平和なんやなって（笑）。

T.A.K THE RHYMEHEAD
80年代後半から活動するのラッパー、DJ、トラックメイカー。キングギドラのサポートMCを務め、UBGにも所属した。T.A.K THE RHHHYME名義でも活動を展開。

〝永遠の記憶 feat. T.A.K THE RHYMEHEAD〟
『THE RHYME ANIMAL』に収録。

Dragon Ash
96年に結成されたミクスチャーロックバンド。

〝Grateful Days feat. ACO,Zeebra〟
99年に発表されたDragon Ashの5thシングル。

5lack
87年生まれのラッパー、トラックメイカー。旧名S.L.A.C.K.。兄・

——歌詞の中じゃ、10代なのに無免で車には乗るわ、覚醒剤で刑務所に入る奴はいるわ、大騒ぎですよ。

R もう、どんな恐ろしいところなんですか、東京は？ と思いながら、堺の田舎で震えてましたよ（笑）。

——**『時計じかけのオレンジ』**か**『マッドマックス』**ですか？ と（笑）。

R そこで東京のイメージが形成されましたから（笑）。俺の東京のイメージは全部日本語ラップ経由でしたからね。他にもKダブさんの〝スタア誕生〟を聴いて、渋谷はヤバい、子供を食い物にする大人たちの街やと。そして新宿には**MSC**がいて**『帝都崩壊』**させてる。聴いて震えあがりましたからね、新宿が恐ろしすぎて（笑）。渋谷はあかん、新宿もあかん……。

——池袋に行ったら**「BED」**にさらに悪いやつがいっぱいいて（笑）。

R 高田馬場は**降神**の**〝お尋ね者〟**、〈高田馬場 裸のまま バーバーショップで 馬場チョップ〉ですから。だから今日も「裸のまま馬場チョップする人がおる街や」と思いながらドキドキして来ました（笑）。

——話はまた戻ると、ジブさんと同時期にライムスターにも出会うと。

PUNPEEとGAPPERと共にPSGとして活動。アルバムに『KESHIKI』（18年）など。

〝銀河探検鬼 Remix〟
T.A.K THE Rhiyme Headの2nd EP『韻力』（97年）に収録。

『CITIZEN OF THE WORLD』

04年に発表されたT.A.K THE RHHHYMEの1stアルバム。

カニエ・ウェスト
77年生まれのシカゴ出身のラッパー、音楽プロデューサー。グラミー賞に68回ノミネート。

R　俺が一番最初に聴いたのは**『ウワサの伴奏〜And The Band Played On〜』**だったんですよね。アルバム『ウワサの真相』をバンドアレンジ/セッションで再構築したアルバムで。そこに収録された〝ウワサの真相 feat. F・O・H〟っていう曲で、Mummy-Dさんが**自分たちの置かれてる状況を皮肉りながら**、それに対するアンサーをする部分に、すごく勇気をもらったんですよね。

——それはどういう部分に?

R　「自意識」みたいな部分ですね。自分たちが置かれている状況や、自分たちが言われてる悪口を意識して、それをちゃんと分かった上で、それに対して「でも俺はやるんやぞ」っていう気概。それは「気にしてる」っていうことを明言してるのと一緒なんだけど、そういう自意識を持ったまま、それを乗り越えるっていう強さですよね。

——この曲が**THA BLUE HERB**(以下TBH)に対するディスと言われているヴァースを孕んでいるのも、自意識故だよね。

R　確かに。でも俺はライムスターとTBHの邂逅の瞬間に立ち会いました

『時計じかけのオレンジ』
スタンリー・キューブリック監督映画(71年)。近未来のロンドンを舞台に、全体主義的管理社会と「ウルトラヴァイオレンス」と呼ばれる放埒をスリリングに描く。

『マッドマックス』
ジョージ・ミラーによる監督作品。第一作目(79年)は内容は現代をテーマにした超ハードなカー・ヴァイオレンス映画だが、二作目(81年)以降は、核戦争後の世界を描き、『北斗の拳』などに大きな影響も。

MSC
00年に結成された、漢、TABOO1、PRIMAL、O2らを中心に結成されたヒップホップクルー。新宿区を拠点に活動。アルバムに『新宿STREET LIFE』(06年)など。

から。福岡の『Sunset live』というフェスで、ＴＢＨとライムスターが同日に出たんですけど、そのタイムテーブルが、ＴＢＨの直後にライムスターっていう流れやったんですよ。もう俺と松永的には「おいおい！」「歴史的瞬間やん！」みたいな。

――日本語ラップ史の中でも**重要なビーフを起こした二組**が流れで出るんだもんね。

R 裏話として、そのフェスには**サイプレス上野とロベルト吉野**さんも出てたんですけど、上野さんがILL-BOSSTINO（以下ＢＯＳＳ）さんから、「なんとなく間に入ってくれないか」って言われてたらしいんですよ。

――ヒップホップ中間管理職として（笑）。

R だから上野さんも気が気じゃない状態だったらしいんですけど。上野さんが仲介する前に、バックヤードでＴＢＨのおるところに、ライムスターが登場したんですよね。俺と松永は偶然その近くにいて、「ＢＯＳＳさんがいる、そこにDさんが近づいてくる、仲介の上野さんはおらん……どうなるんや!!」って、もうドキドキして。

『帝都崩壊』

02年に発表されたＭＳＣ（ＭＳＣＲＵ名義）の１st ＥＰ。

「BED」
池袋の老舗ヒップホップクラブ。19年に惜しまれつつ閉店。

降神
02年に結成された、なのるなもない、志人によるヒップホップユニット。アルバムに『望～月を亡くした王様～』（04年）など。

〝お尋ね者 feat.ERONE(韻踏合組合) & 漢(MSC)〟
降神の１stアルバム『降神』（04年、再リリース版）に収録。

——宇多丸さんやＤＪ ＪＩＮさんはその前に和解というか、接点をすでに持ってたらしいけど、ＢＯＳＳさんとＤさんは全く会ってなかったという話だよね。

R　そういう話を俺も聞いてたから「どうなるんや！」と俺と**ＤＪ松永**で固唾をのんで見てたら、ＤさんとＢＯＳＳさんがお互いの射程圏内に入った瞬間に、2人が何も言わずに顔を見合わせて、お互いニヤッって笑って、肩を組んだんですよ!!　もう俺も松永も「うわー！　すげぇ!!」みたいな。ＤさんとＢＯＳＳさんが接近して、お互いに一言も交わさず表情だけで「まあ色々あったけど」みたいな感じで笑って、肩を組んで「おう!!」みたいに。俺と松永も思わず「おー!!」「すげぇ！　熱っ！」って。離れたところから見てたんですけど（笑）。

——青春マンガのモブキャラじゃん（笑）。

R　完全に野次馬（笑）。そこでお互い喋りはって、ライムスターとＴＢＨで写真を撮り始めたんですよね。それを遠巻きに見てたら、宇多丸さんが「おい！　お前らも入れよ！」って。それで俺らも「こんな歴史的瞬間のところにすんません！」って入らせてもらって、全員で写真撮って。

——でも、その和解劇になにも**Creepy Nuts**は関係ないね（笑）。

『ウワサの伴奏~And The Band Played On~』

02年に発表。クレイジーケンバンドやゴスペラーズと共演し、『ウワサの真相』を再アレンジしたアルバム。

自分たちの置かれてる状況を皮肉りながら

〝ウワサの真相 featuring F.O.H〟の2分2秒～2分30秒を参照。

THA BLUE HERB

97年に結成された、ILL-BOSSTINO、O.N.O、DJ DYEによるヒップホップグループ（第5章を参照）。

R　最高の光景を見させて貰っただけ（笑）。で、その10分後ぐらいに上野さんが来て、もう勝手に仲直りしたから**「何それ!?」**みたいな。

――ハハハ。ヤキモキだけさせられて、俺の気持ちどうしてくれんの、と（笑）。らしいっちゃらしいね。

R　でも、そういう話を受けるんですから、やっぱり上野さんはすごいですよ。

――間違いない。

R　話戻ると、この曲で宇多丸さんが、アメリカだけがヒップホップの「本場」ってことじゃなく、日本もそうやし、「現場」こそが「本場」だから、外野の野次は聞かんでええって言ってくれたことは、いまだに、いやプレイヤーになったいまだからこそ、勇気を貰ってますね。そして一番影響の大きいのは、アルバム『グレイゾーン』に入ってる〝ザ・グレート・アマチュアリズム〟。あの曲で「俺みたいなやつもラップしていいんや！」って思えたんですよね。宇多丸さんの〈持ってるヤツに持ってないヤツがたまには勝つと思ってたいヤツ〉みたいな、冴えないボンクラ男子にも共感できるような目線で歌ってくれてたリリックは、中学生の俺にはかなりデカかった。他に

重要なビーフを起こした二組
99年ごろより発生したTBHとライムスターによる「楽曲を通しての」ビーフ。詳細は第五章と第六章に記述する。

サイプレス上野とロベルト吉野
00年に結成された、サイプレス上野とロベルト吉野によるヒップホップグループ。最新作に『ドリーム銀座』（18年）。サイプレス上野は各種メディアでも活躍。

DJ松永
90年生まれのDJ、トラックメーカー、ターンテーブリスト。Creepy Nutsのメンバーとして R-指定の相方をつとめる。世界的なターンテーブリストの大会である「DMC WORLD DJ CHAMPIONSHIPS」の世界大会で優勝（バトル部門）。ソロ作に『サーカス・メロディー』（14年）。

も**"911エブリデイ"**の、911を歌ってもちょっと視点がひと味違ったりする部分も、すごく影響を受けました。俺はおとんの影響で、サザンとか中島みゆき、小田和正とかも聴いてたんですが、そこら辺で一気に針がラップのほうに振れましたね。

ALL OVER『日本語ラップ』

――SOUL'd OUTもそうだけど、時期的にはメジャーシーンにもラップグループが増えていった頃だよね。

R そうですね。**nobodyknows+**とか**HOME MADE 家族**、**ケツメイシ**とかも活躍してて。だから、学校でもジブさんは分からんけど、ケツメイシは分かるってやつも多くて。そういうやつには、ちょっとずつ**般若**さんとか聴かせていくみたいな。いちおう俺の中では筋が通ってて、ケツメイシのエロい曲も好きってことは、般若さんの**"やっちゃった"**もいけんちゃう？って。あと**"花金ナイトフィーバー"**の〈ワリーけどションベン飲めよ〉っていうパンチラインは反応するやろ、って（笑）。

Creepy Nuts
13年に結成された、R-指定とDJ松永によるヒップホップユニット。

「何それ」
EAST END×YURIの4枚目のシングル名でもあり、ライムスター宇多丸の口癖としてキエるマキュウ"土曜日の実験室 feat. 宇多丸"でもシャウトされている。

"911エブリデイ"
アメリカ同時多発テロ事件に関連し、テロやそれに対する態度などを歌ったライムスターの楽曲。『グレイゾーン』に収録。

nobodyknows+
99年に結成された5人組ヒップホップグループ。アルバムに『Do You Know?』（04年）など。

――中学生の好きそうな下ネタが（笑）。

R　そういう感じで数珠繋ぎで聴かせていったり。でも、そういう流れを超えても、ケツメイシは単純に好きだったんですよね。**『ケツノポリス』『ケツノポリス2』**とかは、むちゃくちゃ聴きましたね。ここら辺はあんまり批評的に語られないと思うんですけど、やっぱケツメイシは純粋にめっちゃラップ巧い。特に鼻にかかった声のＲＹＯさんは、フリーキーフロウでありながら、何文字も長い韻を踏んでいったりして、バリくそラップが巧い。大蔵さんにはレゲエのテイストがあったり、ＲＹＯＪＩさんは、サビ番長というかメロディアスなところを担当するみたいな感じで、３ＭＣともそれぞれのストロングポイントがちゃんとあるんですよね。そして扱うトピックが、ホンマに普通の日常なんですよ。だから、地元の友達の歳の取り方とかを見てると、「そりゃケツメイシ好きになるわ」って思うんですよね。仕事をして、帰ってきてビールを飲んで、休日は家族サービスするみたいな日常を送ってる人からしたら、そりゃ物騒な新宿渋谷の話よりは、ケツメイシの話のほうが入っていきやすいやろうなって。

HOME MADE 家族
96年に結成された、MICRO、KURO、U-ICHIからなるヒップホップグループ。アルバムに『ROCK THE WORLD』（05年）など。

ケツメイシ
93年に結成された、RYO、RYOJI、大蔵、DJ KOHNOからなるヒップホップグループ。最新作に『ケツノポリス11』（18年）。

般若
78年生まれのラッパー。（第4章を参照）。

〝やっちゃった〟
般若の2ndアルバム『根こそぎ』（05年）に収録。

〝花金ナイトフィーバー〟
『根こそぎ』に収録。

――その中でも特筆したい曲は？

R　一曲と言われると**〝ビールボーイ〟**ですね。例えば〈俺は豊富にホップを含んだ液体　これからも人々を癒していきたい〉。「豊富」と「ホップ」の踏み方が気持ち良いし、「液体」「いきたい」っていう子音踏みも巧い。それから〈俺がキングオブ酒　俺の任務　飲むだけ〉みたいかなり長いライムも踏みつつ、〈B・E・E・Rにビ・ビ・リ・ナ〉みたいな分かりやすいライムの置き方もしてて。だから、この人はものすごいラップマニアなんやなって部分が見える。でもマニアックというよりは、すごい楽しそうなんですよね。勝つためのラップじゃなくて、楽しむためのラップというか。そこが中学の俺にも届きやすかった。もう一曲、**〝夕日〟**という曲も、中学校で部活やりまくってた俺にはすごく熱く響いたんですよね。練習しまくってるのに全然試合に出られへんくて、「やっぱ報われないことってあるんやな……」って気づいた自分に（笑）。

――急に悲しい話になった（笑）。

R　だからこそこの〝夕日〟が染みたんですよ（笑）。そういったポップ

『ケツノポリス』

00年に発表されたケツメイシの1stアルバム。

『ケツノポリス2』

02年に発表されたケツメイシの2ndアルバム。

〝ビールボーイ〟
『ケツノポリス』に収録。

〝夕日〟
『ケツノポリス』に収録。

なものもフィールしたし、もう一方でジブさんの**『BASED ON A TRUE STORY』**にも衝撃を受けて。

――〝Grateful Days〟のヒットを受けての作品で、このアルバム自体もスマッシュヒット作になったアルバムでありつつ、非常にハードな内容でもあって。いわばポップなラップとは対極にあるような作風にあえて寄った作品ともいえるよね。

R 古典中の古典、ものすごい名作アルバムですよね。有名なところで言うと〈一点突破 行くぜHIP HOPPER〉っていう歌詞のある〝MR.DYNAMITE〟が入ってるアルバムなんですけども、このアルバムの中で俺が衝撃やったのは、〝CHILDREN'S STORY〟というストーリーテリングもの。日本ではかなり一番早い段階で作られたハスリングラップやと思うんですが、これは**スリック・リック〝Children's Story〟**へのオマージュですよね。

――『BLAST』が『FRONT』だった時代に、ジブさん自らUSのクラシックを対訳するっていうコーナーがあって、そこで〝Children's Story〟がいかに優れた曲かっていうのを翻訳して解説してた記事があって。

『BASED ON A TRUE STORY』

00年に発表されたZeebraの2ndアルバム。

スリック・リック
80年代後半に活躍した、ニューヨーク育ちのラッパー。代表曲はSlick Rick & Doug E. Freshによる〝La Di Da Di〟など。ストーリーテリングラップの先駆者とされる。

〝Children's Story〟
89年に発表されたスリック・リックのヒット曲。犯罪に手を染める少年とその末路を物語としてラップした楽曲。

R　ジブさんの〝CHILDREN'S STORY〟も、ジブさん本人の話か、ストーリーテリングなのか、っていう虚実を交えた絶妙なラインで構成された曲なんですけど、ジブさんやKダブさんがストーリーテリングすると、大体バッドエンドになる傾向がある（笑）。

――Kダブさんの〝スタア誕生〟は、女の子がひどい目に遭うしね。

R　恐ろしいグループですよ、キングギドラは（笑）。この曲の〈そこで17歳がとった選択肢 それは17階からの転落死〉、ライムも超巧いですよね。ライムっていう行為は、スキルの説得力だったりすると同時に、言葉の展開でいかに聴いてる側にショックを与えられるかという部分もあると思うんですね。このラインはすごいショッキングな表現やし、バーンと絵が浮かぶ。そこら辺もジブさんのラップの巧さの特筆すべきとこやと思います。中学校のときは〈便所で客にサンプルチェック〉ってラインが分からんかったけど、今ならはっきりと絵が浮かぶし、分かるようになった俺も汚れたんやなと（笑）。この曲も含めて『BASED ON A TRUE STORY』は、ジブさんがより意識的にヤンキーに向けて歌い出した時期やと思うんですね。

『BLAST』
94年に『FRONT』として発行され、99年に『BLAST』に改名したヒップホップ専門誌。07年に休刊。

MACCHO
78年生まれのラッパー。ヒップホップグループ：OZROSAURUSの中心人物。

――ハードな表現だったり、男臭い部分が強くなってる。

R　そこで田舎の不良とかでも伝わるようになったのかなって。〝男の条件featuring MACCHO, Q, BOY-KEN〟もそうですよね。でもこの当時、**MACCHO**さんと**BOY-KEN**さんを逆だと思ってて。声しか分からないから、このガラガラ声の人がMACCHO、ハイトーンの人がBOY-KENさんかなって。だって「BOY」やから。

――「声も高いはずだ」って（笑）。

R　それでライムスターの**〝隣の芝生にホール・イン・ワン〟**を聴いて、「違う！　このガラガラ声の人がBOY-KENさんなんや！」って（笑）。そういうのを表にしてノートに纏めてましたね。

――ネット普及前夜だね（笑）。**Q**さんは分かったの？

R　Qさんは自分で「俺Q」って言ってるんで（笑）。こないだもQさんから留守電が入ってたんですけど、むちゃくちゃ低い声で「ガリヤのQでーす」って（笑）。その自己紹介スタイル、見習わなあかんなと（笑）。そして**『TOKYO'S FINEST』**では〝GOLDEN MIC(REMIX)〟ですよね。この曲の般若さんのラッ

BOY-KEN
80年代末から活動するヒップホップ・レゲエMC。

〝隣の芝生にホール・イン・ワン〟
ライムスターの3rdアルバム『リスペクト』（99年）に収録。

Q
ラッパ我リヤのMr.Q。ソロ作に『Let's Get!』（18年）など。

『TOKYO'S FINEST』

03年に発表されたZeebraの3rdアルバム。

プで、一気に般若さんという存在に惹きつけられて。
――その般若くんの話は第四回で細かく伺いましょう。

R　それで般若さんにハマって、般若さんが〝おそうしきfeat.般若〟に参加してる**DABO**さんのアルバム**『DIAMOND』**を聴いたんですが、DABOさんもとにかくラップが巧かったし、いま改めて聴いてもホンマにすごい。それに加えて、USのラッパーのいきがり方だったり、**ボースティング**の仕方を、そのままなぞるんじゃなくて、ちゃんと日本の味付けにして、一番面白いバランスで表現されてたと思うんですよね。実際インタビューでDABOさんが言ってるんですけど、「自分は俺の話、俺バナが一番好き」「俺が最高でお前が最低っていうのをずっと言っていきたい」って話してたんですよね。その最高峰が**『PLATINUM TONGUE』**に入ってる〝PINKY～だから、その手を離して～feat.Tyler〟。これは最強のラッパーであるDABOさんに当然のようにむちゃくちゃ可愛い彼女がおって、その彼女にクラブで不届き者が声をかけてきて、それをDABOさんが説教するって内容なんですよね。とにかく俺のこのいい女に声をかけるには、お前はまだまだ全然レベ

DABO
75年生まれのラッパー。ソロに加え、NITRO MICROPHONE UNDERGROUND のメンバーとして活動。最新作に『NANA -EP-』(18年)。

『DIAMOND』

03年に発表されたDABOの3rdアルバム。

ボースティング
自分自身について自慢や豪語することをセルフボースティングという。

ルが違うぞっていうのを3ヴァースにわたって、こんこんと説教するっていう曲。

――その表現がとにかく粋なんだよね。

R この曲聴いて、「ラップしたらこんなにモテるんや！」って思いましたもん。

――モテました？

R 「ちょっと話ちゃうやないか！」って思ってますけど。

――寂しい！（笑）。

R ライミングも芸が細かいんですよね。〈イカクサイ妄想は良く手を洗って 寝床でどーぞ ごゆっくり 枯れ木に咲かせな ティッシュの花 一方俺は女神のキスの嵐 Keep On〉みたいな、ひとつの韻のブロックに、もう1個ぐらい韻のブロックを重ねてることが多くて。かつ、音でライムをしている気持ち良さもある。〈散りな男子諸君 隠れてデバガメストーカー 大ショック 長いコトご苦労 マメなストーキング とっとけチョッパったTバックとストッキング〉っていう、音でライミングしてく部分がめっちゃ気持ちいい。表現としても〈これを機に人生 軌道修正 聞きたかないだろ 鈍い銃声 I-Ght? おかしな動きは無駄な努力 俺の手にはお前のヤサの住所録〉

『PLATINUM TONGUE』

01年に発表されたDABOの1stアルバム。

〈いい年こいて近所に迷惑かけたらあかんでガキンチョじゃねぇんだ ボヤでも出たら日頃のバツだ〉みたいな、めちゃくちゃ脅しとして怖いんですよ。

――「月夜の晩ばかりじゃない」「ご家族は元気ですか」みたいな、直接言わないけど、何を言わんとしてるかが分かるっていう。

R そういう表現の巧みさ、スキル、声、見た目、スタイルっていう、ラッパーとして五角形がまんべんなく揃ってるのがＤＡＢＯさんやなっていうのがあって。２ndアルバム**『HITMAN』**収録の**〝D.A.B.O〟**の「自分でこう思ってんねんや」っていう自意識にも驚いたんですよね。日本人の感覚として、いきがり倒す人を冷ややかな視線で見ちゃうことが多いじゃないですか。でも「いや、ラッパーはそんぐらいでいいんよ」みたいな。人からの裸の大将と思われてるかもしれないけど、自称代表ぐらいの気持ちでふんぞり返っとけばいいんやぞっていうのを言ってくれてんねんなって。それをＤＡＢＯさんは自分で体現してるなって思いましたね。

――根本的な話として、そういう分析は一人で考えてるの？

R そういう時もあるし、**梅田サイファー**の連中とディスカッションして発

『HITMAN』

02年に発表されたＤＡＢＯの２ndアルバム。

〝D.A.B.O〟

1分49秒～1分57秒を参照。

見する部分もありますね。DABOさんの話なんかは、俺んちで、**たまこぅ**ってやつと夜の12時に話始めて、次の日の昼の13時までずっと話してますからね。こないだも餓鬼レンジャーの話をコンビニ前で4時間以上してましたからね。

――その結果は第三回で披露していただきましょう。山☮マンを竹中直人さんだと思って借りた**ラッパ我リヤ**のアルバムはなんだったの？

R 『ラッパ我リヤ伝説』でしたね。その中に**L-BRO**さんプロデュースの〝新時代〟という曲があるんですけど、その曲の山☮マンさんのラップは時代を先取りしすぎたくらいフリーキーなフロウで。とにかく小節の中に強引に言葉を詰め込んで、詰め込みすぎることで気持ちよさが生じてるんですね。

――詰め込みすぎな上にラップのテンションも高いから、リスナーの気持ちも無理矢理上げられるっていう。

R サビも凄いですよね。〈新時代の幕開け信じたい カギ見っけて先行って近未来 確実にブチ込む韻ミサイル〉。世の中には「韻ミサイル」というもの

梅田サイファー
07年頃から大阪・梅田の歩道橋で開始されたサイファー。R-指定、KOPERU、ふぁんく、KZ、peko などフリースタイルを得意とするラッパーが集まる。19年に3rdアルバム『NEVER GET OLD』をリリース。

たまこぅ
梅田サイファーの一員。

L-BRO
97年デビューのラッパー、DJ。98年には詩的で日常的な世界観が魅力のミニアルバム『胎動』を発表。ポチョムキンとのユニット：鶴亀サウンドとしても活動。

があるんや、と（笑）。

――我リヤや**走馬党**は韻をリリックの推進力にしているからね。

R　山☮マンさんは「名ばかり」って言葉からずっと踏んでいくんですよね。

――「アマ達」「馬鹿らしい」「じゃかーしー」みたいに、ずっと母音が「A・A・A・I」の言葉をヴァースの最後まで散りばめていて。そこで思うのは、やっぱりちゃんと評価されたり、注目される人って、ちゃんと韻が固かったり、ライミングに拘りがあるよね。それはいまの子でも。

R　一時期、日本語ラップ自体が韻の呪縛にかかった時期があったから、そっからみんななんとか脱却しようとして、韻に関して敢えて意識しないって方向性を考えた人もおったと思うんですよね。そうなったのは、ラッパ我リヤが王道の押韻を推し進めて、**韻踏合組合**が「聞こえ」が同じ同音異義語でライムする、いわゆる「子音踏み」を多用して韻の幅を押し広げる中で、韻の踏み方がある程度出尽くしちゃったという部分もあると思う。それこそ若手の俺たちが新しい韻を踏もうとしても、「それもう餓鬼レンジャーのYOSHIさんが踏んでるよ」「韻踏のあの曲や」「走馬党であるやん」「ジブさん

走馬党
97年に結成された、ラッパ我リヤのMr．Qを党首とするヒップホップクルー。ラッパ我リヤ、三善出、INDEMORAL、BACKGAMMONなどが参加。押韻重視のリリックを特徴とする。06年にアルバム『走馬党』を発表。

韻踏合組合
00年に結成されたヒップホップクルー。現在はSATUSSY、ERONE、DJ KAN、HIDADDY、遊戯、DJ KITADA KENで構成。大阪のアメリカ村を拠点に活動する。最新シングルに『マイクリレー』（19年）。

〝一網打尽〟
韻踏合組合の7thアルバム『NOW』（14年）に収録。同年、フィーチャリングラッパーを迎えたリミックスバージョン〝一網打尽（REMIX）Feat. NORIKIYO, SHINGO

が使ってた」とかあったり。だから新しい韻を探すのが、非常に難易度が高いし、その中で別の方向性を探るために、韻に拘らないようにした人がいるのも、気持ちは分かるんですよね。

——でも、Rくんはライミングにやっぱり拘ってるよね。

R ただもはや、微妙に踏み外すか、造語で踏んでいくかじゃないと、新しいライミングは出てけぇへんのじゃないかっていう話になってきましたね……最近は。例えば韻踏合組合の〝**一網打尽**〟の**HIDADDY**さんみたいに、「一網打尽」で踏んでいくんやけど、途中で「イチロー打順」って変えて、オリジナルなライムにしていくとか。それか**OZROSAURUS**〝**Profile**〟のMACCHOさんみたいに、語感かつ造語じゃないと、完全に新しいライムっていうのは発明できないんじゃないかと。ただ、過去に誰かが踏んでいた韻であったとしても、組み合わせによって新しくすることも出来ると思うんですよね。これは降神の**志人**さんがよくやるんですけど、誰もが踏んでる韻を2個並べて、そこに新しいライミングを3つ以上組み合わせて新しく聴かせるみたいな。だから単純に母音で分解して踏むだけじゃなくて、子音で踏め

★西成、漢〟をシングル曲としてリリース。

HIDADDY
79年生まれのラッパー。韻踏合組合、HEAD BANGERZに所属し、大阪を拠点として活動。フリースタイルバトル大会「ULTIMATE MC BATTLE」で4年連続決勝進出する実力者。大阪ヒップホップのハブであるショップ「一二三屋」も経営。

OZROSAURUS
96年に結成された、ラッパーのMACCHOを中心とするヒップホップグループ。15年に6人組のバンド編成となる。現在のメンバーでの作品に『OG』（16年）など。

〝Profile〟
OZROSAURUSの5thアルバム『OZBUM ~A:UN~』（12年）に収録。0分58秒を参照。

るか、語感で踏めるか、構造で踏んでいくか、みたいな色んな踏み方のバリエーションを持ってたら、新しいライミングっていうのが出来るんじゃないかな、と思ってますね。

――大変な時代に生まれてしまったなぁ(笑)。

R でもそれぐらい教科書がいっぱいあるって意味では、すごい恵まれてはいるんですけどもね。

――ということで第一回はお時間が来てしまいました。

R ホンマですか？　早いですね。

――今回はRくんのヒップホップへの入り口的なお話を伺いましたが、次回からはアーティストに焦点を当てて、さらに分析と妄想を広げていっていただきたいな、と。

R 分かりました。では次回もよろしくお願いします。

(会場拍手)

志人
82年生まれのラッパー。降神のメンバーとして活動。独特な世界観のリリックと歌声が特徴で、自らを「吟遊詩人」と称する。

第2章

SHINGO★西成とMC漢と「話芸」

漢 a.k.a. GAMI

78年、新潟県生まれ、東京都新宿区育ちのラッパー。00年にヒップホップクルー：MS CRU（現MSC）を結成し、02年のEP『帝都崩壊』がデビュー作に。同年の「B BOY PARK」の MC バトルでは優勝。05年の『導～みちしるべ～』以来、ソロアルバムでは『MURDARATION』（12年）、『ヒップホップ・ドリーム』（18年）をリリース。リアルなストリートを歌う日本のギャングスタ・ラップの第一人者。ヒップホップレーベル「9SARI GROUP」代表。

SHINGO★西成

72年生まれ、大阪府大阪市西成区出身のラッパー。釜ヶ崎は三角公園近くの長屋で生まれ育つ。05年に『ゲットーの歌です（こんなんどうです?）』を自主リリース。現在までに『Sprout』（07年）、『I・N・G』（10年）など5枚のソロアルバムを発表。ULTRA NANIWATIC MC'Sのメンバーとして、そしてKREVAや大西ユカリ作品にも参加するなど活動は多岐にわたる。また地元・三角公園での炊き出しや町おこしのボランティアを続けている。般若の立ち上げたレーベル「昭和レコード」所属。

「話し言葉」が「ラップ」になる

——この企画をスタートさせる段階で、展開していきたい色々なトピックスや議題が上がってたんだけど、その中で「話芸としてのラップ」という観点は必ず取り上げたいという話をRくんはしてて。

R　そうですね、俺は日本語で表現するラップのことを「話芸」と捉えていて。だから、そこで表現されたもの、そしてクラシックとして認められたものは、落語でいうところの「古典落語」みたいに、後世の人間が語り継いでいくのも、一つの方法なんじゃないかなって。

——「古典落語」だって生まれたときは新作だしね。

R　そういうことです。でも、一回目で話したとおり、その時に最先端の技術や内容だったものが、記憶として忘れ去られがち、というラップシーンの展開の速さも感じるところでもあって。

——つまり、その新鮮さを継承、口承していく必要性も感じるというか。

R　あくまで一つのアイディアですけどね。そう考えた時に「話芸としてのラップ」の精度が高い人は、日本だと誰やろうなと考えると、もちろんそういう方は何人もおるんですけど、象徴的なのは東では漢 a.k.a. GAMIさん、西ではSHINGO★西成（以下、シンゴ）さんやと思うんですよね。

――「話芸としてのラップ」というのは、具体的にはRくんとしてはどういう定義だったりするの？

R ざっくりいうと「口語のラップ」というか、喋り口調に近いラップですね。普段からシンゴさんも漢さんも、喋り方があのラップのまんまなんですよね。ほとんど普段のしゃべりとラップが変わらないし、普段の漢さんの会話、シンゴさんの会話が、そのまんま曲になってるっていう。だから二人は「ラッパーを地でいってる人」だと思うんですよね。他にも北海道だったらTHA BLUE HERBのILL-BOSSTINOさん、関西だったら**小林勝行**さんや**神門**さんとかも代表格なんですけど、今回は漢さんとシンゴさんを題材にお話させて頂ければと。

――そもそも「話芸としてのラップ」という切り口はなぜ思いついたの？

R なんで自分が日本語のラップ好きなんかなって言ったら、やっぱり自分

小林勝行
81年生まれのラッパー。神戸出身。神戸薔薇尻や蟹バケッツシンドロームとして活動し現在の名義へ。最新作に『かっつん』（17年）。

神門
86年生まれのラッパー。神戸出身。1stアルバム『三日月』（07年）が話題に。最新作に『エール』（18年）。

自身が人の話を聞くのが好きだからっていう根本があって、その延長線上に日本語ラップがあったと思うんですね。自分のラップの趣味を整理していった時に、単に音としてだけ格好いいラップは自分の頭の中に残りにくくて。それよりも面白い話をする人の曲の方が俺は好きなんやな、って。その流れで考えると、俺はラップを音楽とか文化としてだけでは捉えてなくて、「話芸」として俺はラップを認識して楽しんでんねやろうな、と思ったんですね。それこそ、漫才や落語、ラジオを聞いたりするような流れで、俺はラップというものと向き合ってる部分が強いんやな、って。そう気づいたのがたぶん20歳ぐらいの時。

——Rくんは落語にも詳しいけど、そことラップとの接着点は自覚的だったと。

R ビートや全体の音像、ファッション、雰囲気、MVの格好良さ……もちろん大事だし、それも好きなんですけど、俺は言葉とかワード、話し方にもっと強く惹かれてるんやなって。そこで俺はラップを「話芸のひとつ」と自分の中で規定したし、自分のラップもそういう部分に影響を受けてますね。

——**いとうせいこう**さんも、**長唄**や**啖呵売**のような「言葉で人を掴まえるも

いとうせいこう
61年生まれのタレント、小説家、ラッパー。86年には日本語ラップの先駆的な名盤『建設的』を発表。ジャパニーズヒップホップの開拓者の一人。

長唄
江戸時代発祥、歌舞伎から派生した三味線を伴奏楽器とする歌曲の伝統芸能。

啖呵売
「バナナの叩き売り」など縁日や露天商で行われる、独自の口上を交えた販売方法。

の」の最先端にラップがあるというニュアンスの話をされてて、その感性はプレイヤー側こそ思うのかも知れないね。

R　それに同世代のラッパーを見てみると、俺が勝てるのはそこしかないなと思ってて。同世代のラッパーはみんな違うベクトルで全員格好いい、じゃあ俺はその中で勝てる部分はなんやろなって考えたら、「ラップを話芸として意識してる」ということが自分の強みかなっていう。だからこそ曲の内容や構成、ライブでのMC、フリースタイルも含めて、全部がひとつの話芸の流れとして成立してたりするようなものを目指してるんです。それに「**フリースタイルダンジョン**」とかで僕のラップに反応してくれた人も、たぶん音楽っていう側面に加えて、「言葉を使った何か」という部分で認識してくれたんじゃないかと思うんですよね。

――「話芸」っていう部分は、USのラップでも非常に大事にされているよね。そもそも、ラッパーの成り立ち自体が、パーティやDJを言葉で盛り上げる役から始まったし、MCは「マスター・オブ・セレモニー」であり、「マイク・コントローラー」だから、話に芸があって、話で相手をロックしなくちゃい

「フリースタイルダンジョン」

15年からテレビ朝日にて放送を開始した、フリースタイルMCバトルの番組。現在、R-指定は2代目ラスボスとして出演。

けない存在だっていうことが、MCという存在の根本にある。

R　そうなんですよ。本質的に「面白い話をするのが優れたラッパー」っていう価値観があるみたいやし、海外を参考にするんなら、「音」や「聞こえ」よりも、その本質みたいな部分を僕は参考にしたいんですよね。

死を覚悟したMCバトル!?

――では、そこでRくんが日本の東西の代表だと思う、漢くんとシンゴさんとRくんが出会ったタイミングは？

R　シンゴさんは高校1年の時に、スペースシャワーTVで〝ILL西成BLUES〟のMVが流れて、そこでの衝撃たるや！　まず「SHINGO★西成」という名前ですよね。名前の間に星が入ってるっていう関西イズム。もう「あ、星や」ってなるじゃないですか（笑）。

――目に留まるし、景気が良いよね。YOU THE ROCK★さんとか。

R　絶対元気な感じがする（笑）。そして西成っていう大阪人には馴染み深い地名が名前に入ってるし、しかもコテコテの関西弁でラップしてる！　と。

〝ILL西成BLUES〟

SHINGO★西成の1stアルバム『Sprout』（07年）に収録。

YOU THE ROCK★

71年生まれのラッパー。『THE SOUNDTRACK '96』のリリースや、TWIGYやRINO LATINA IIらと共に雷のメンバーとして活動。「HIP HOP NIGHT FLIGHT」など、ヒップホップの拡大に大きな貢献を果たす。

その上にラップの内容は面白い、パンチラインは頭にこびりつく……ってことで、速攻で1stアルバム**『Sprout』**を買いに梅田のタワレコに走ったんですよね。

——では漢くんは?

R 00年代中盤にラップを好きになった中学生は、**『8 Mile』**でMCバトルを知って、You Tubeで**「B BOY PARK」**のMCバトルに行き着くっていう、恒例のルートがあるんですけど。

——そういう流れがあるあるとして(笑)。

R 僕ら世代は全員そのルートを辿ってます(笑)。で、**KREVA**(以下クレバ)さんの3連覇のあとの、「漢VS般若」っていう2002年の「B BOY PARK」の決勝を見て、漢さんを知ったんですよね。最初の印象としては、めっちゃ不思議だったんですよ。

——それはどういった部分で?

R まずは漢さんの声質ですよね。それまで聴いてた「歌手」「ボーカル」とは全く違う声質やし、喋ってるように、超なめらかに、流暢にラップしな

『8 Mile』
02年公開、MCバトルを描いた主演エミネムの自伝的ヒップホップ映画。

「B BOY PARK」
代々木公園・野外ステージで開催されたヒップホップイベント。99年からはMCバトルの大会も行われた。

KREVA
76年生まれのラッパー、シンガーソングライター、音楽プロデューサー。97年からKICK THE CAN CREWのメンバーとして活動。04年からソロ活動を開始。MCバトルでは、99年から「B BOY PARK」にて史上初の3連覇を達成。

がら、フリースタイルしていることに衝撃を受けて。クレバさんの三連覇のバトルを観た後に漢さんのバトルを見て、こんなに変化するんや、こういうラップが即興で出来るんやっていうことにとにかく驚いたんですよね。そしてなにより怖かった。クレバさんは、怖いラインとしても「リングの真下に埋めるぞ」とかキャッチーなんやけど、漢さんは「みんなに見下ろされてまるで腐乱死体みたい」とか（笑）。もうそのワードチョイスが中学生からしたら「え、何？……怖！」みたいな感じですよ。

――怖さの段階がキャッチーじゃなかった（笑）。

R　MSCの曲を聴いた時も、ほんまホラー映画と一緒でしたよね。怖いもの見たさ、怖いもの聴きたさでハマっていくという（笑）。

――実際に面識を持ったのは？

R　面識を持ったのはシンゴさんのほうが先ですね。やっぱり大阪やったんで。**KOPERU**と**コッペパン**っていうグループを組んでいろんな現場に出てたときから、目を掛けてくれて「お前らすごいな」って言ってくれてたり。それが縁で**〝大阪UP〟**のMVにもちらっと写り込んでますから（笑）。で

KOPERU
91年生まれのラッパー。大阪府出身、梅田サイファーの一員。09年には「B BOY PARK UNDER20 MCバトル」で優勝。アルバムに『大阪キッド』（14年）など。

コッペパン
R-指定とKOPERU、doiken（現：KennyDose）によるヒップホップユニット。

〝大阪UP〟

SHINGO★西成の3rdアルバム『ブレない』（12年）に収録。

も当時はホンマにご挨拶させて頂くっていうぐらいで。だから、ラッパーとしてより深く関わったのは漢さんの方が先やったかも。

――それはどういう流れで？

R　**「ENTER MC BATTLE」**ですね。韻踏合組合が主催してるMCバトルイベントがあって、そこで俺が高校2年の時に、漢さんとバトルしてるんですよ。しかも僕は「ENTER」初出場、MCバトル自体2回目。

――バトル2回目でMC漢とぶつかる高校生か……過酷すぎるね（笑）。

R　今はMCバトルが広がってるから、10代の子でも漢さんと当ったらすごい口をきいたりするじゃないですか。でも当時は今ほどMCバトルが一般化、スポーツ化してないから、ホンマにしばかれる可能性もあって。……とはいえ、まあ俺も同じくらい生意気言ってたんですけど（笑）。それでも俺はバトルで生意気言う前に、楽屋で……。

――まさか先に詫び入れたんじゃないだろうね!?

R　そんなダサいことしません！　そうじゃなくて、一人で空を見上げて「俺、今日で人生終わるかもしれへん。17年っていう短い人生やったけど、

「ENTER MC BATTLE」
韻踏合組合主催の大阪で開催されるMCバトルイベント。年に複数回開催される。

俺はこれが好きなことやから、それで何かあったら、俺的には本望や。オトンオカン、17年間ありがとうございました。行ってきます」って誓ってステージに上がって（笑）。

――行ってきますというか、逝ってきますというか。漢くんを何だと思ってんだ！　殺人マシーンか（笑）。

R　でも、ホンマそんだけ怖かった！（笑）で、俺的には日和って何も言わないほうがバトル的に無礼かなと思って、全力で行ったし、まあ殴られてもしゃあないと思いながら、漢さんに対していろいろ言わしてもらって。それでバトルには勝ったんですけど、バトルが終わった瞬間に漢さんが「お前、これ5年前の東京じゃなくて良かったな」って（笑）。

――かまし入れられたわけだ（笑）。

R　「怖！」って(笑)。でもバトル後も格好良かったんですよ。俺は高校生だったんで、安易に「大麻なんか吸ってんじゃねぇ」みたいなことをたぶんバトルで言ったんですよね。そしたら漢さんがそれを受け止めて「こいつはクリーンマン　俺はグリーンマン　そこら辺の大麻クセェ大学生とは違うぜ」

みたいな、漢さんのバトル後に一番湧かすあの技を間近で見させてもらって(笑)。その後「ダンジョン」でモンスター同士として一緒になる前に、別のタイミングで会った時に挨拶をさせて貰ったら、そのバトルを覚えてくれて、「本当面倒くせーやつ出てきたなって思ったよ」って誉め言葉で言ってくれたのは嬉しかったですね。

——縁が深くなったのは「ダンジョン」?

R そうですね。その時期には漢さんの陽気なキャラが世に知れ渡ってたし、実際に会っても「あ、こんな面白い人なんや」って。「ダンジョン」でもずっと冗談言ってるんですよね。しかもラップの口調のまんまやし、それが漢さんの「話芸」に繋がってるのかなって。余談ですけど、漢さんがまさかの僕らCreepy Nutsのラジオを聴いて下さってて。**DJ RYOW**さんのイベントでDJ RYOW **〝ビートモクソモネェカラキキナ 2016 REMIX feat. 般若,漢 a.k.a. GAMI&R-指定〟** を披露するので、漢さんと一緒に袖で控えてたら、急に漢さんが「君たちいっちょ前にラジオも面白いじゃん」って言ってくれて(笑)。「あれ? まさかラジオ聴いてくれてるんですか!?」

DJ RYOW
80年生まれのDJ、ビートメーカー。名古屋を中心に活動。AK-69のライブDJをつとめる。最新作に『NEW X CLASSIC』(18年)。

DJ RYOW 〝ビートモクソモネェカラキキナ 2016 REMIX feat. 般若,漢 a.k.a. GAMI&R-指定〟
DJ RYOW名義で配信された(16年)。

みたいな。これはラッパーあるあるなんですけど、漢さんのラップと声はすごく特徴的だから、ラッパーはほぼ全員、漢さんのモノマネを一度は通るんですよ。今は漢さんがフェイマスな、キャッチーな存在になったから、みんな気軽にモノマネするけど、昔はバレたら**「フルボッコ」**にされると思って、梅田サイファーの仲間たちと隠れながらやってたわけですよ。

――バレちゃいけないものを回してたと（笑）。

R そのスリリングな遊びの中に、「このラッパーが何を歌ったら面白いか」みたいなネタもあって。

――「もしも誰々が何々だったら」みたいな。

R そこで流行ったのが、スチャダラパー**〝今夜はブギー・バック〟**をいろんなラッパーで歌うっていう……、しかも小沢健二さんのパートを（笑）。

――〈僕とベイビー・ブラザー　めかしこんで来たパーティ・タイム〉っていう部分を誰が歌ったら、っていう。

R ここで肝なのは「僕と○○が」なんですよ。例えばTHA BLUE HERBのILL-BOSTINOさんのバージョンだったら（BOSSの声色で）「俺と**O・N・O**

「フルボッコ」
MC漢の愛称は、「ミスターフルボッコ」（「フリースタイルダンジョン」など）。

〝今夜はブギー・バック〟
スチャダラパーと小沢健二のコラボ楽曲。94年に発表された小沢健二の2ndアルバム『LIFE』に〝今夜はブギー・バック(nice vocal)〟、同年のスチャダラパーの4thアルバム『スチャダラ外伝』に〝今夜はブギー・バック (smooth rap)〟が収録。

O・N・O
THA BLUE HERBのプロデューサー／トラックメーカー。ソロ作に『Ougenblick』（14年）など。

ちゃんが」って（笑）。

――それこそ怒られるわ（笑）。

R　その漢さんバージョンは「俺と**PRIMAL**が　めかしこんできたパーティータイム　すぐに目が合えば〜確かに肩当たったたのは悪かったが謝ったのにちょづいて来たお前が甘かった〜」。

――ハッハッハ！　**SEEDA**の**〝また不定職者 feat. BES，漢〟**の漢ヴァースを織り込んで（笑）。

R　そういう遊びをやってて、それをラジオの公開収録でうっかりやっちゃったんですよね。その放送を漢さんが聴いてて。それでこのトークイベントの前に、漢さんに「イベントで漢さんのことを話させてもらいます」って報告したら、「俺が急にブギー・バックを歌ったりするような話をするんでしょ。俺とPRIMALがパーティに行くやつ」って（笑）。

――内容まで覚えてる（笑）。

R　それで「あの替え歌聴いてたんですか!?」「うん。聴いた」「すんません！」みたいな（笑）。もちろん笑って許してくれたし、面白がってくれる懐の深

PRIMAL
78年生まれのラッパー。MSC、SIDE RIDEのメンバー。アルバムに『Proletariat』（13年）など。現在は釧路で保育士として活動している。

SEEDA
80年生まれのラッパー。06年に『花と雨』を発表し、シーンから高く評価される。SCARSとしての活動や、ミックスCD『CONCRETE GREEN』の制作など活動は多岐に渡る。You Tubeプログラム「ニートTOKYO」の主宰も。

〝また不定職者 feat. BES，漢〟
SEEDAの5thアルバム『街風』（07年）に収録。

い人なんですけど、ちょっとビビりましたね（笑）。

――シンゴさんとの縁が深くなったのは？

R 『**セカンドオピニオン**』収録の〝灯取虫～ヒトリムシ～feat・SHINGO★西成〟の制作ですね。ソロでのファーストやし、般若さんやTBHを聴いてきた影響もあって、ワンマイクアルバムを想定してたんですね。でも、当時の俺の力量不足もあって、ディレクションをしてくれた**I-DeA**さんが、「内省的なアルバムすぎるから、もうちょっとカラーやパンチが欲しい。〝灯取虫〟のRくんの沈んだ感じを前向きに救う人が参加するといいんだけど」っていう話になって、それにはシンゴさんしかいないなって。それで内容の相談で西成に伺わせて貰って、そこでシンゴさんに西成を案内してもらうっていう贅沢な体験もさせて貰ったんですよね。その時にホンマにおっちゃんおばちゃんとかが「シンゴちゃん頑張ってるか」「今日も歌ってんのか」って話しかけてくるんですよ。立ち食いのホルモンを食べてたら、小学生ぐらいの子が団体で寄ってきて「わー、シンゴちゃんや」って。ホンマに街から好かれてるあんちゃんって感じだったし、これがフッドスターたる所以やな、って。

『セカンドオピニオン』

14年に発表されたR-指定のソロアルバム。

I-DeA

トラックメイカー、エンジニアとして数々の作品を手掛けると共に、SEEDAのフックアップなど、名伯楽としても知られるプロデューサー。アルバムに『12ways』(13年)など。

――「地元に根付く」とかベタな表現を超えた、リアルなフッドスター感があったと。

R　大阪にCreepy Nutsでライブに帰ったり、シンゴさんと大阪の現場で一緒になったら、いつも第一声で「おかえり」って言ってくれるんですよね。それがホンマに兄貴って感じで嬉しい。優しい人ですね。

――この回でも今川焼きを差し入れて下さって。この場を借りてお礼申し上げます。

R　シンゴさんにも、このイベントでシンゴさんについてお話することを、**般若さんの武道館ライヴ**の時にお伝えしたんですよ。「俺の考えるＳＨＩＮＧＯ★西成像なんで、俺の考えだけで勝手に話させて頂きます」って伝えたら、「ＯＫＯＫ。お前なりの西成で話してこい」って。その言い回しも、すでにラップっぽいじゃないですか。

――そうやってラップしてる感じが頭に浮かぶもんね。それは漢くんももちろんそうで。

R　二人とも日常からずっとパンチラインだらけやし。

般若さんの武道館ライヴ
19年1月11日に開催されたワンマンライヴ「おはよう武道館」。

西成と新宿　2つのストリート

——二人とも「街を描く」「街を生きる視点で描く」っていう部分で共通しているけど、そこには差異があると。

R　そうですね。まず前提としてあるのは、お互いにストリートを書きながら、ストリート観がかなり違うんです。まず、シンゴさんにとってのストリートは「生まれ育った場所」。ストリートは生きる場所であり、視点が生活者なんですよね。その視点があるから〈近所のオっちゃんに習った　ここではこうして生きなさい〉（**〝諸先輩方からのお言葉〟**）やし、飛田新地っていう場所を描くにしても、〈小学校への通学路　毎日犬との散歩道〉（**〝飛田新地〟**）なんですよね。一方で、漢さんにとってのストリートは「足を踏み入れた場所」。だからストリートはビジネスの場所であり、その視点が中心になってる。

——その違いは興味深いよね。

R　シンゴさんの歌うストリートとして挙げたいのは、**『Welcome to Ghetto』**収録の〝ゲットーの歌です（こんなんどうDEATH?）feat.

〝諸先輩方からのお言葉〟
『Sprout』に収録。

〝飛田新地〟
SHINGO★西成がYou Tubeにアップした楽曲。

『Welcome to Ghetto』

06年に発表されたSHINGO★西成のEP。

ＶｉＶｉ〟。シンゴさんのラップももちろんだけど、まず印象に残るのはサビの可愛らしい歌声ですよね。でも内容は〈頭血ぃ出てる〉〈うめきが聞こえる〉ってだいぶ生々しい。このアンバランスさは**ジェイ・Z**の〝**Hard Knock Life (The Ghetto Anthem)**〟のオマージュだと思うんですよね。

——タイトルの構造からしてそれを感じさせるよね。

R　〝Hard Knock Life (The Ghetto Anthem)〟のフックは**『アニー』**のサンプリングなんですけど、〝ゲットーの歌です（こんなんどうＤＥＡＴＨ？）〟のフックも、可愛らしい声だからこそ、過酷な情景描写がより深く刺さってくる効果があって。２ヴァース目の〈ドラム缶ガンガン燃やして暖取る　ダンボールでマイホーム　おっちゃん大丈夫ってかける毛布それ売って酒買うなって約束〉。これがシンゴさんの見た西成の風景やと思うし、シンゴさんの優しさも感じられますよね。それから〈雨に濡れて　震えて震えて　まるで捨てられた軍手〉というリリック。道端によく片方だけ軍手落ちてるじゃないですか。そこに西成を重ねるという。

——今年閉鎖された**「あいりん労働センター」**のように、西成は日雇い労働

ジェイ・Z
69年生まれのニューヨーク・ブルックリン出身のラッパー、プロデューサー。元・ドラッグディーラー、刑務所服役の過去も。世界で最も商業的に成功しているミュージシャンのひとり。

〝Hard Knock Life (The Ghetto Anthem)〟
ジェイ・Zのアルバム『Vol. 2… Hard Knock Life』（98年）に収録。

『アニー』
ニューヨークを舞台にしたミュージカル。76年から世界中で公演されている。

の街でもあるという部分を、軍手に象徴しているというか。

R そういった過酷な状況をあったかい目線で描写した後のサビが余計に胸に染みる。シンゴさんに通底しているのが、苦しんでる人と同じ目線で、手を差し伸べるよりは肩を貸すイメージ、「頑張っていこうや」って温かく包み込むような目線。だからといって、お涙頂戴でジメッとしていなくて、どっかカラッと、人生そういうこともあるわな！って笑い飛ばすような元気さもあるんですよね。

――だから、いわゆるサヴァイブするっていう意味ではない、生活者だからこそのストリートのタフさがあるよね。

R **『じゃりン子チエ』**みたいな世界観ですよね。

――あの漫画こそ西成を題材にしているし、あの屈託の無さと裏腹のブルースはシンゴさんにすごく近い。

R それがシンゴさんの歌ってるストリートなんかな、って。で、シンゴさんが生活者としての目線やとしたら、漢さんはビジネスマンとして、はっきり言うと売人的な目線なんですよね。

「あいりん労働センター」
大阪市西成区に立地する、日雇労働者に就労斡旋、医療サービスを提供する福祉施設。19年、労働者側の抵抗の中、老朽化のために閉鎖。

『じゃりン子チエ』
78年にスタートした、はるき悦巳が描いた西成区を舞台にした漫画。高畑勲監督でアニメ化も。

——自伝だと、子供の頃はお金持ちだったのが、複雑な事情でストリートに行かざるを得なかったことが書かれているよね。

R　だから漢さんは、ストリートに足を踏み入れて、生き抜くっていう目線なんですよね。初期の漢さんは淡々とストリートでの商売の流れとか、ストリートの商売で失敗して落ちていくやつ、被害者になるやつを、すごい突き放した目線で描写するんですよ。その代表的な曲は**〝漢流の極論〟**だと思うんですけど、ここで漢さんは歌舞伎町を「拠点」っていうんですよね。だから同じストリートでも、シンゴさんは「地元」、漢さんは「拠点」っていう明確な違いがある。ライミングとしても〈取り乱してすみません　既に取り返しつきません〉っていうのが、すごく漢さん特有の踏み方だなって。怖い人の敬語って怖いでしょ？

——そうだね。「この裏にはなんかある！」って思わされる（笑）。

R　ホンマっぽいんですよ（笑）。お金に対する態度もシンゴさんと漢さんは違うんですよね。

——確かに、シンゴさんは社会構造的な貧しさに対する静かな怒りであった

〝漢流の極論〟

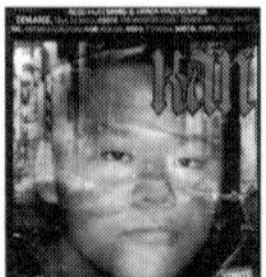

漢のアルバム『導～みちしるべ～』（05年）に収録。

り、悲しみが強いけど。

R 漢さんは商売人としての、落ちていくやつ放っておくぞ、っていう。でも、それをただ単に「金儲けの肯定」として書くんじゃなくて、金持ちは金持ちのままのうのうと暮らして、貧乏人は真面目に働いてもみんな吸い取られてしまう。だから、俺はこういうことせな生きていかれへん、じゃあダーティな仕事をすることは何が悪いの？　っていう。だから〝漢流の極論〟の中で言ってる〈汗水たらした金はどんだけ綺麗なのか教えてくれよ　誰か目に見える形で〉ってリリックは、正直な気持ちですよね。

――そういう貧困に関する問題意識は、実は二人に通底する部分であって。シンゴさんも**三角公園**での越冬ライヴみたいな路上生活者に対するアクティビスト的な動きをしてるけど、ＭＳＣにもその部分に対するリリックがあるんだよね。シンゴさんの〝**I'm still feat. 漢&メシアTHEフライ**〟での……。

R 〈西戸山公園　懐かしい光景　ボランティアの炊き出し　ホームレス叩き出し　目隠しでめでたし〉っていう漢さんの歌詞ですね。**西戸山公園**はボランティアが炊き出ししてるような、そういう優しい場所やったのに、ホーム

三角公園
西成、あいりん地区にある公園。萩之茶屋南公園。ここでＳＨ－ＮＧＯ★西成はライヴを行っていた。

〝I'm still feat. 漢&メシアTHEフライ〟
『Welcome to Ghetto』に収録。

西戸山公園
新大久保と高田馬場の中間にある公園。至近には漢の手掛ける「9sari Cafe」も。

レス叩き出して、世間から目隠しして、浄化してめでたしめでたしっていう〈殿様気取りかよ　東京都知事〉に怒ってるんですよね。

——これは当時の石原慎太郎を指していて。**歌舞伎町浄化作戦**だったり、MSCのリリックには石原批判も当然散見されるんだけど、それがイデオロギーとして批判するんじゃなくて、「俺たちの街でくだらねえことしてんじゃねえよ」という皮膚感としてMSCが怒っていたことには、当時すごく共感を感じたし、「ハスリングだ、不良だ」っていうストリート性との違いはこういう部分にも表れていたなって。

R　だから、単に悪いこと、単に不良のこと歌ってるんじゃないんですよね。

——ただ、00年代中盤は、MSCや**妄走族**、SEEDAの台頭によって、不良やハスラーであらざればヒップホップにあらずのような風潮もあって。実際に「一回逮捕された方がいいんじゃないのか？」って、あまり世の中にない理由で悩んでたラッパーもいたり。

R　まさしく俺がそれでしたよ。生い立ちが普通のラッパーは全員どっかでそれ思うんすよ。ホンマにただ普通に生きてきた人間が、漢さんとかMSC、

歌舞伎町浄化作戦
04年に石原都知事時代に行われた、新宿・歌舞伎町を対象とした違法店舗の摘発運動。数多くの性風俗店・アダルトショップなどが閉店に追い込まれた。

妄走族
98年にDEN、般若らによって結成されたヒップホップグループ。15年に解散。アルバムに『進攻作戦』(04年)など。

BAD HOP、ANARCHYさんのラップを聴いた時に、打ちのめされるんですよね。「俺には痛みがない」みたいな。で、それで全員一回は「逮捕された方がいいんじゃないか」って悩むんですよね。

——嫌なあるあるだな(笑)。

R　俺が逮捕されるとしたら何やろうな……食い逃げ?

——ダサっ!(笑)。それかコンビニのコーヒーメーカーで、SサイズのカップにLを注いで捕まるみたいな。

R　情けない……。

——それですごい悲しい曲作ったり。

R　理由は隠して、捕まった事実だけ前に出して(笑)。松永さんも「FREE R-指定」みたいなアピールをラジオでやって(笑)。

——しょうもない……。

対照的なライミングとフロウ

——話は戻ると、〝I'm still〟みたいに、シンゴさんと漢くんで客演しあって

BAD HOP
14年に結成された川崎区出身のヒップホップグループ。T-PABLOW、YZERR兄弟を中心に8MCで構成。ストリートの日常をラップし、若い世代の支持を集め、18年には単独で武道館公演を成功させた。アルバムに『Mobb Life』(17年)など。

ANARCHY
81年生まれのラッパー。京都・向島の団地出身。自らの生い立ちや暴走族総長だった過去をリリックに落とし込み、日本のリアルなゲットーを歌うスタイルはシーンに衝撃を与えた。最新作に『The KING』(19年)。

る曲は結構多くて。

R　そういう曲で対比が強く出るんですよね。先程も話に出た〝I'm still〟はそれが顕著で、漢さんはすごく前のめりにラップをして、言葉を細かく詰めていく。一方でシンゴさんは後ろ乗りで、大きく拍を取るんですよね。そのグルーヴの出し方の違いが、こういう曲だと対比としてすごく分かりやすい。シンゴさんの**〝いい漢じの異端児 feat・漢〟**ではその対比がさらに強くなってて、バウンスビートの上でシンゴさんはめっちゃゆっくりラップして、漢さんは倍速で畳み掛けるという。この曲のシンゴさんみたいに、遅いビートでゆっくりラップするのって、上手く聴かせるのが実はすごく難しい。だから、相当のリズム感と言葉選び、ライムの場所決めをしてるってことが分かるんですよね。一方で漢さんは倍速でビートを取ってとにかく早口で畳み掛けていく。

——倍速もただ速ければいいんじゃなくて、速さの中に、間とアクセントが無いと、バタバタしちゃって聴けないんだよね。

R　だから超絶テクニックのぶつかりあいなんですよ。ライミングにして

〝いい漢じの異端児 feat. 漢〟
『Sprout』に収録。

も〈もっぱら損得勘定だけだ　もはや罪悪感ない悪代官　辛いのはそん時だけだ〉みたいに、「損得勘定」と「そん時」、「罪悪感ない悪代官」みたいに、母音で踏むんじゃなく、口に出す響きで踏んでいってるんですよね。

——文字で起こすと分かるけど、厳密には踏み外してはいるんだよね。

R　その意味では、**〝何食わぬ顔してるならず者〟**は漢さん節が詰まってるといっても過言ではなくて。韻を子音と母音に分解することだけでしか、韻の踏み方を捉えられてない人は、この曲の最後の〈生意気言ったあとで泣きついても　ぶっちゃけ無実の巻き添えでも〉の「泣きついても」と「巻き添えでも」で踏めるっていう考えに至れないんですよ。なぜなら「響き」で踏んでるから。文字じゃなくて「口に出したら踏んでる」んですよね。

——発話で韻を組み立ててると。

R　これは漢さんの声と口のこもり方、声帯やからこそ踏める、漢さんじゃないと踏めない韻なんですよ。ラッパーって、そいつじゃないと踏めない韻やフロウみたいに、そいつにしか出来ないことが多いほうがオリジナルになるし、漢さんやシンゴさんはそれが多いんですよね。それから漢さんは、特

〝何食わぬ顔してるならず者〟
06年に発表されたLibra Recordsのコンピレーションのアルバム『天秤録音』に収録。

に初期は体言止めで韻を踏まなかった。

——名詞で終わらせることで、そのキーワードが強調されたり、韻が踏みやすくなるし、体言止めで韻を踏むのは、スタンダードなやり方ではあるよね。

R でも漢さんは、文章の中にいっぱい韻を忍ばせてるんですよね。散りばめて、そこを跳ね上げることで強調する。例えば〈俺の身勝手なリスナーやファン達は　ナンセンスなファンタジーじゃ　半勃ちもしねぇ〉ってヴァースには3つぐらい韻が入ってるけど、普通だったら「ファンたち」で止めるんですよね。

——それで「ファンタジー」「半勃ち」で脚韻していく構成にする。

R でも漢さんはそれを繋げて、その韻の部分は跳ね上げて強調する。それはラップのフロウをメロディとして捉えてないという部分もあると思うんですよね。メロディとして捉えると、どうしても小節の最後で落としたくなる。

——それはラップに限らず、**メロディと小節と韻文の関係性**から派生するものだよね。

R 漢さんはラップのフロウを、あまりメロディーとしてとらえてないとい

メロディと小節と韻文の関係性
「Humpty Dumpty sat on a wall,」「Humpty Dumpty had a great fall.」のように、小節の終わりで韻を揃え、楽曲の調子を揃えるオーソドックスな方法論。

うか。それよりも喋りとして口に出して気持ちいい言葉を並べるから、韻の置く場所がすごい不規則。でもその不規則さが、漢さんのリズムに、漢さん独自のグルーヴになっていくっていう不思議さがあって。〈体当たりな人生　しくじるのも当たり前　アナルまで引き締まる　脅しじゃねぇ落とし前〉とか、すごい不規則じゃないですか。「脅しじゃねぇ」と「落とし前」って連続で踏みつつ、「当たり前」と「アナルまで」とか微妙に踏み外してるけど、それが逆に気持ちいい。こういうライミングを俺らは「漢踏み」と呼んでます。「うわ、漢踏みやな〜それ」みたいな（笑）。

——確かに、その踏み方は非常にオリジナルだよね。

R　そういった「口調」「喋り」と「ライミング」「ラップ」がシームレスに繋がるのは、シンゴさんもそうなんですよね。その真骨頂が聴けるのが**〝長屋の一人っ子の独り言〟**。この曲での〈でもめっちゃひどいで地元　目立つ貧富の差　ニヤってしたオッサン　光るピンプの歯　今おったやろ〉っていう踏み方はやっぱりすごい。「貧富の差」っていう言葉は、**DJ KRUSH〝MOSA feat. KAN〟**で、漢さんも使ってるんですけど、漢さんは〈誰もが狙ってる

〝長屋の一人っ子の独り言〟
『Welcome to Ghetto』に収録。

DJ KRUSH
62年生まれのサウンドクリエーター、DJ。80年代後半からMUROやDJ GOと共にKRUSH POSSEとして活動。ソロに転向後は、トリップホップと呼ばれる世界的なムーブメントの中心人物となる。6thアルバム『漸―ZEN―』（01年）は米国AFIMアワードを受賞するなど、海外からの評価も高い。

〝猛者 - MOSA feat. KAN〟
DJ KRUSHのベストアルバム『STEPPING STONES The Self-Remixed Best -lyricism-』（06年）に収録。

キングの座〉って繋げるんですよね。一方、シンゴさんは〈ピンプの歯〉になる。その認識の違いも興味深いし、連想される韻は人によってこんなに違うんやって。それから、踏み方としては、俺の中でシンゴさんはジェイ・Z感があるんですよね。ジェイ・Zって変な場所で韻を踏んで、ライムの場所をちょっとズラす気持ちよさがあるんですけど、その感じが初期のシンゴさんに結構あるんですよ。オフビートのレイドバックで、さらに韻がずれていく気持ちよさというか。

——ラップ自体がすごい後ろ乗りだもんね。

R かなり後ろ乗りなんですよね。その上に〝ILL西成BLUES〟では、基本母音を「A・A・U・E」に置いて1ヴァース踏み続けるんですけど、そこには関西弁だから踏める韻も織り込んでたり、別の韻も挟んで踏んでたり。その意味でもすごくスキルフル。

——しかし「スキルフルでっせ!」って見せつけるものではないよね。

R そう。サラッとしてるんです。あと一つの声のかたまりが、すごい太いっていうか、奥行きがあるんですよね。だから後ろ乗りになってより気持ちよくなる声質なんやと思う。安直な表現やけど、英語的な発声の太さを、日本語で出来るっていうか。それはシンゴさんの声の、日本トップクラスの楽器としての強さっていう、生まれ持ったものも作用してると思いますね。

――ラガーマンだし、筋トレもしてるし、そういうフィジカルの強さも声に反応してるかもね。一方で漢くんはアメフト経験者だし、声を出すのが重要なスポーツだから、二人とも声が響くのかな。

R ああ、確かに。

煙に巻く話芸と鼓舞する話芸

――話芸という部分では、二人に共通するのはギャグセンの高さだよね。

R そこは外せませんね。〝長屋の一人っ子の独り言〟や〝SHINGO's Dinner〟には、喋り言葉や話芸の中にブルースがあったんですけど、〝おかげさまです。〟では、よりファニーに「べしゃる」方向になっていって。しかも〈交通ルールも　どの業界も　信号（シンゴ）無視は危険でございます　ありがとうございます〉みたいな落語っぽいくすぐりを入れてきたり。

〝SHINGO's Dinner〟
『Sprout』に収録。

――上手いこと言わんでエエってやつだよね。MCも当然のように超上手い。

R シンゴさんで大好きなMCがあるんですけど、お客さんに「おい、手挙げろ、手挙げろ」って手を挙げさせるんですけど、手を挙げない人ももちろんいますよね。それに対して、「いま手上げてへんやつ、両手ちょん切るぞ。タンクトップみたいな体にしたろうか」って。それに合わせて**DJ FUKU**さんがピュンピュンマシンを鳴らすっていう（笑）。あとこれは伝説として聞いたんで、俺自身は見てないんですけど、**KBD**さんが奈良にシンゴさんのライブを観に行ったら、機材トラブルが起きて、音と明かりが全部消えて真っ暗になったんですって。

――そうなると、普通だったら楽屋に戻るよね。

R でもシンゴさんは、機材復旧するまで30分、喋りながら韻踏みながら、アカペラで繋いだっていう。

――へ～！　それはすごい！

R 個人的に、アカペラで、時間無制限のMCバトルやったらシンゴさんと漢さんが日本で最強なんじゃないかなと思ってますね。

DJ FUKU
SHINGO★西成のライブDJを長年務める。

KBD a.k.a 古武道
梅田サイファーの一員。13年に戦極MC BATTLEで準優勝。

――シンゴさんは造語も多いよね。しかもキャッチーなものもすごく多い。

R　初期で言うと「おおきにホーチミン」とか「ゲロー」とか。そして『I・N・G』で登場した「ラパッ」。〝ラパッ〟では「ラパッ」って言葉で最後まで行き切るんですけど、これはマジでシンゴさんじゃないと出来ない曲ですよね。シンゴさんいわく「ラパッ」っていうのは、黒人同士はお互いを「WHAT'S UP N〇〇〇A」みたいにNワードで呼びあうけど、俺らは黒人ではないからそれは言えない。でも、ラッパーやから、ラッパー同士で「おい調子どうやラパッ」って言えたらええやんっていう。

――それも思慮深いよね。

R　そしてなにより、この〝ラパッ〟は絶妙なタイム感とリズム感ですよね。タイム感を完全に把握してないと出来ないし言えないし、「ラパッ」の置きどころがこの曲は完璧なんですよ。

――「ラパッ」の置きどころ（笑）。あと「チャス！」っていうのもあるね。

R　各アルバムで「この時、シンゴさんはこの言葉にハマってるんだな」っていうのがあるんですよね（笑）。一番新しいアルバムでハマってたのは

『I・N・G』

10年に発表されたSHINGO★西成の2ndアルバム。

「な」。めっちゃ畳み掛けた後に「な」って（笑）。
――PRIMALとやってたユニット：**鉄板ボーイズ**って時は「じゅー」ってのにハマってた（笑）。鉄板が焼ける音だと思うんだけど「なんとかじゅー」ってインタビュー中ずっと言ってて。

R でも、ラッパーの「ボイススタンプ」というか、そのラッパーしか持ってないフレーズってありますよね。

――トラックメイカーがトラックにシグネチャーを入れるのと近いよね。そういうキャッチーさと、〝**切り花の一生**〟みたいなセンチメンタルさやブルースが同居してるのが、シンゴさんらしいし、**憂歌団**みたいな大阪ブルースの系譜にも繋がるのかなって。

R ラブソングも素敵な曲を書くし、ホンマに関西人のいいところを凝縮したような人なんですよ。

――漢くんのギャグセンは、やっぱり不良のギャグセンだよね。基本的に物騒というか（笑）。その代表曲はやっぱり〝**心にゆとりとさわやかマナー**〟。

R アルバムでの〝**Fuck野郎充満**〟からの流れも完璧やし、歌詞は全て

鉄板ボーイズ

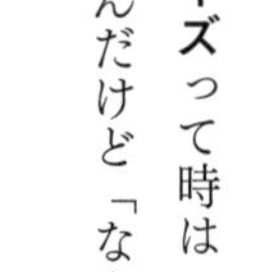

SHINGO★西成とPRIMALによるヒップホップユニット。08年にシングル『鉄板ボーイズ』をリリース。

〝切り花の一生〟

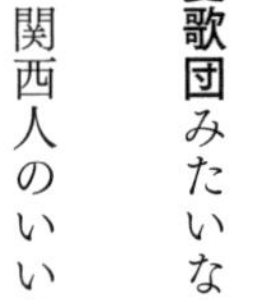

SHINGO★西成の4thアルバム『おかげさまです。』（13年）に収録。

において言い過ぎ（笑）。コンプライアンスとか、デリカシーの部分では怒られるようなところもありますけど、これもヒップホップの魅力なんですよね。

——不謹慎ギャグというか、密室ギャグというか。

R 〈ドンキ前でどんぎまって鈍器持って集合〉……最高ですよね（笑）。めちゃくちゃ怖いけどおもろい。

——〈遊ぶ金ほしさにどついちまって悪かったなおっさん〉とか全然反省してない。もうオッサンの身としてはたまりませんよ（笑）。

R 〈傷害や窃盗 恐喝に強盗 他の地区との抗争 楽しくて失禁しそう〉って……。

——過剰に物騒（笑）。

R あと、ここは警察署の名前が音源では削られてるので僕の予想なんですけど、〈新宿署、戸塚署、中野署、原宿署 取調室の壁につけて来た鼻くそ〉って言ってて、マジで反省してない（笑）。「原宿署」と「鼻くそ」の韻もいいんですよね。これで「怖！」って言いながらも笑ってしまうのは、海外でも一緒みたいですね。

憂歌団
70年に結成された日本のブルースバンド。

"心にゆとりとさわやかマナー"

MSCのアルバム『新宿STREET LIFE』（06年）に収録。もともとは警視庁の市民向けスローガン。

"Fuck野郎充満"
『新宿STREET LIFE』に収録。

――ギャングスタラップも「悪すぎる！　ゲラゲラ～」みたいな感じらしいね。

R　「ひどいこと言ってんな～こいつら」って笑いながら聴いて大丈夫な音楽なんですよ、ヒップホップは。やっぱりユーモアのセンスがないと、怖いものをエンターテインメントとして表現して、聴かせられないですからね。タイトルも〝心にゆとりとさわやかマナー〟って言っといてこの歌詞って、もうむちゃくちゃですよ（笑）。

――皮肉が効きすぎてるよね。

R　でも、それがやっぱMSCの魅力ですよね。あと漢さんの名ラインとしては、**〝ワルノリデキマッテル〟**の〈俺は警視庁を逆撫でするサグなデブ〉。それを自分で言うのも最高ですよね。

――そしてMSCのギャグセンで欠かせない曲は〝快感〟だよね。

R　もう最高ですよね。MS CRU名義のEP『帝都崩壊』に入ってる曲なんですけど、問題作というか、俺が大好きな曲。

――物騒なのか、エロなのか、ギャグなのか、ハードなのか、もう渾然一体とし過ぎてて訳が分からない。

〝ワルノリデキマッテル〟

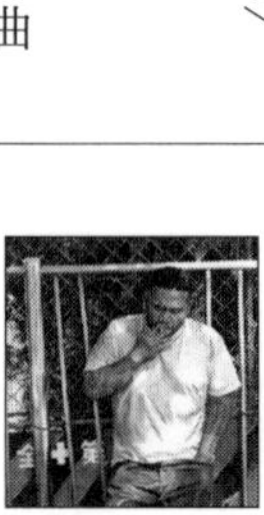

漢 a.k.a.GAMI の3rdアルバム『ヒップホップ・ドリーム』（18年）に収録。

R　中学校の時は、「エロい……いや、急に怖い！」みたいに振り回されすぎて、謎の感情になりましたね（笑）。冒頭の**O2**さんのストーリーテリングは物騒なのかエロいのかよく分からないし、続く漢さんは〈時にはクソガキにボコられ撲殺だがしかしそこに快楽は全くなし〉みたいなハードなリリック、そこからO2さんの不可思議なリリックが展開するんですけど、再び登場する漢さんは〈**16連打**の乳首押し〉というパンチラインを炸裂させて（笑）。

——そこからガンガンに下ネタが続くんだけど、急に〈小泉総理〉って入ってきて「なに？　賢者タイム？」みたいな（笑）。

R　「エロい！」と思ってズボン脱ごうとしたら、いきなり梯子外されて心が乱されるっていう（笑）。でも、これがMSCのギャグセンスなんでしょうね。本人たちもゲラゲラ笑いながら書いてるところもあると思うんですよ。

——グループだからできるというか、いかに他のメンバーに負けないくらい面白いことを書くかっていう勝負で出来てる感じだよね。

R　こうやって、話が複雑に展開するのも漢さんの特徴だと思うんですけど、根本には「煙に巻く」っていうスタンスがあると思うんですよね。普段の喋

O2
78年生まれのラッパー。東京下町・六丁目団地出身。MSCの一員。

16連打
ファミコン時代のヒーローだった高橋名人が、ボタンを1秒間に16回押すという奥義。もちろん乳首は押さない。

りでも、喋ってるうちに冗談挟んだり、脱線していったりして「あれ、ホンマに喋ろうとしてたこと何やったけな?」って、いつの間にか違う所に連れて行かれる。でも、それはストリートで学んだ交渉術だと思うし、切り抜けたり、自分のスキを簡単には見せないようにするために身につけた話術なのかもしれない。一方で、シンゴさんは人を奮い立たせたり、元気づけたりするような、演説的な部分があると思うんですよね。そこにお互いの生きてきた環境が出ているのかな、と思うし、「ストリート」で学んだ「話術」の使い方は、シンゴさんと漢さんでは、こう変わってくるのかなって。ちなみに最近ではシンゴさんの目を見て話すと普通の話でも感動して泣きそうになるし、漢さんと喋ると泣くほど笑かされる。最高の先輩ですね。

第3章 餓鬼レンジャー登場

PROFILE

餓鬼レンジャー

95年に結成されたヒップホップグループ。メンバーはYOSHIとポチョムキンの2MC、GP（DJ/プロデューサー）、タコ神様（ダンサー）、DJオショウ(DJ/パフォーマー)。98年にミニアルバム『リップ・サービス』でデビュー。『UPPER JAM』（01年）、『DA-PONG』（02年）などの作品を発表、芸人とのコラボやAVプロデュースなど他ジャンルとの積極的な交流も。『GO 4 BROKE』（05年）のリリース後に活動を休止し、13年に復活。最新作に『ティンカーベル ～ネバーランドの妖精たち～』（19年）。

日本の3大ボンクラ・ラップ

——第三回は「餓鬼レンジャー」を取り上げますが、今回は餓鬼レンジャーのポチョムキンさん、DJ N.O.B.B a.k.a GP（以下GP）さん、DJオショウさんに前半を見守って頂き、後半では一緒にトークをして頂くという構成です。

R なので、前半で行う僕なりの餓鬼レンジャー考察に、ともすれば本人からの野次が飛んでくる可能性がありますけど（笑）。

——「間違ってるぞ！」と（笑）。

R 「ちげぇよ！」とか。暖かく見守って頂ければと（笑）。

——まずRくんの餓鬼レンジャー体験から話していきましょうか。

R これも一回目二回目で話したように、ツタヤのレンタルでしたね。いろいろCDを手に取る中で、餓鬼レンジャーっていう、漢字と英語の、しかも「餓鬼」っていう名前のインパクトでまず惹かれたんですよね。それで手にとったのが『DA-PONG』。

『DA-PONG』

02年に発表された餓鬼レンジャーの2ndアルバム。

——2ndアルバムですね。**「博多にわか」**の口上を使った〝にわか先生feat．深川父素、松崎紋太〟からスタートする。

R それで「何？ このグループ！」って驚かされて、続く〝A Chorus 9 feat. DISRUGRAT,KEN-1-RAW,BOMB044,AGENT ORANGE,海,DARK EYEZ〟の超大勢マイクリレーでぶっ飛ばされるっていう。しかも24曲入りっていう大ボリュームであり、脳みそが追いつかんほどのハードラップなアルバムだったので、とにかく衝撃がすごかったんですよね。

——ラップの濃度はいま聴いても驚くレベルだよね。

R 韻、フロウ、リリック……どれを追って聴くかって考えてるうちに1曲終わってしまうみたいな。いまってさらっと聴き流しても大丈夫ぐらいのラップの濃度が求められてる部分があるし、そのライトさも魅力なのも分かるんですけど、それと対極なぐらい、餓鬼レンは1曲と1アルバムに入ってる情報量がすごいんですよね。

——フロウの展開、韻の固さと構造、内容のトピックと、全部の情報量が過剰だよね。その上に2MCのラップの対比まであるわけだから。

博多にわか
「にわか面」という半面（目だけ隠れるお面）を着け、宴席や路上などで即興の芝居を行う伝統芸能。幕末頃からさかんに。

R　4thアルバム『GO 4 BROKE』の1曲目〝EXCITING RAP 1,2,3〟で〈フロー巧者と韻長者〉って言ってるぐらい、ポチョさんはフロウ、YOSHIさんは韻って、意識的に棲み分けもされてて。そのカラー分けによって、俺は餓鬼レンの2MCに韻とフロウって何なのかという部分を学んだのが大きいんですね。もちろん、ポチョさんも超ハードライマーやし、YOSHIさんもすげぇフリーキーなフロウをするんですけど、「あ、フロウってこういうことやねんな」「ライミングはこうするんや」って根本は餓鬼レンジャーから教わった部分がありますね。

——「フロウ」や「韻」という、ラップの構造を非常に高度なレベルで表現するんだけど、すごくキャッチーだったということも、学ぶというキッカケになったのかな。

R　そう。餓鬼レンはキャッチーなんですよね。難しいことを難しくはやらないから、すごく聴きやすかった。扱うトピックも幅広いんですけど、根底にはエロ、遊び、お酒みたいな、ボンクラ男子に訴えかけるような普遍性がある（笑）。だから、ケツメイシ、ライムスター、餓鬼レンジャーは、いつ

『GO 4 BROKE』

05年に発表された餓鬼レンジャーの4thアルバム。

まで経ってもボンクラ男子の味方だと思うんですね。

――しかもボンクラの質がその3組でまた違うよね。

R ライムスターはインテリボンクラですよね。高身長・高収入・高学歴なのにボンクラ（笑）。

――ザ・勝ち組なのにずっと懊悩がモチベーションになってる（笑）。

R ケツメイシはもうちょっとローカルなマイルドヤンキー感というか、田舎の地元の友達とかも共感するボンクラ。そして餓鬼レンのボンクラ感は、もうちょい変態性を孕んでいるというかね（笑）。だから「餓鬼レンジャーどんなグループ？」って言われたら「変態の集まり」ですよ（笑）。

――エロとか精神の変態性もあるし、韻やフロウに対してのフェチズムも感じるよね。

R その変態オールラウンダーに14歳で出会ってしまったんで、自分史としてもだいぶ早い段階で濃い変態性を喰らってしまい（笑）。「ヒップホップってこういうのありなんや！」って、韻とフロウとエロと、散々勉強させて貰いました（笑）。

——エロは餓鬼レンの十八番だしね。インタビュー中にYOSHIさんとポチョさんがAVの交換をしてるのも目撃してますよ（笑）。

R YOSHIさんがこのあいだ、「いまは落語家の名跡みたいに**t-Ace**君にその称号は譲ったけど、俺が初代であり元祖のエロ神様や」と。でも、確かにYOSHIさんの数々のエロ武勇伝を聞くと、t-Aceさんがかわいく見えてきちゃうぐらい、「あ、それは確かにエロ神！」ってなるんですよね。その話がどれぐらいすごいかっていうと、こういう半公共の場では一言も言えないです（笑）。

——ギャングスタの話も行き着くと「怖い」より笑っちゃうけど、エロの話も行き着くと「エロい」より笑うということは、俺もYOSHIさんから教わりました（笑）。話は戻って、最初に聴いたのは2枚目の『DA-PONG』だったと。

R そこから他の作品に広がっていきましたね。でも、1stEP**『リップ・サービス』**から4th『GO 4 BROKE』までは7年しかないんですよね。

——『GO 4 BROKE』までを餓鬼レン第一章とするなら、その駆け上がり方はかなりすごいよね。

---

t-Ace
81年生まれのラッパー。「エロ神クズお」を自称、セックスや下ネタを題材にした楽曲で人気を集める。タトゥー愛を歌った〝超ヤバい〟がヒット。

『リップ・サービス』
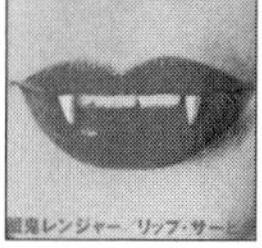

98年に発表された餓鬼レンジャーの1stEP。

R　『リップ・サービス』の時でも22〜23歳ですもんね。しかもその時点で、恐ろしくラップが上手い。〝リップ・サービス・モンスター〟の〈戦国絵巻に書き足す歴史　全国へまき散らしますレシピ〉っていう15字踏みは、もしかしたら日本最長の韻かも知れない。**玉露**さんが「5文字以上踏めるやつだけここにいろ」ってバトルで言ったんですけど、その3倍踏んでるんすよ、20年前に（笑）。他にも〈黒人文化という名の元で　すごくチンプンカンなワックにとどめ〉って、ポチョさんとＹＯＳＨＩさんは、掛け合いしながら踏んでたり。全体的にギラギラしてて、若さがあるんですが、一方で〝シド&ナンシー〟ではセックスの一部始終をめちゃくちゃ格好よく、リリカルに表現してるんですよね。ＹＯＳＨＩさんの〈滝の流れる洞窟に遭遇道具使わず進むプロローグ〉とか超上手い。そしてポチョさんは行為中の擬音でラップしてしまう（笑）。

——ポチョさんの十八番はこの時点で現れてたというか（笑）。

R　最近やったら**〝On The Bed feat. m.c.A・T〟**では擬音だけで1ヴァースをライムする凄技を見せてますからね。

玉露
ライム至上主義を掲げるラップグループ：ICE BAHN（01年結成）のメンバー。ICE BAHNは、現在は玉露、KIT、FORK、BEAT奉行で構成。アルバムに『LEGACY』（18年）など。MC陣の韻を重視したラップが特徴で、それぞれのメンバーが00年代から数々のMCバトルで好成績を残す。玉露が01年に「B BOY PARK」のMCバトルで対戦したクレバとの試合は伝説に。

〝On The Bed feat. m.c.A・T〟

餓鬼レンジャーの6thアルバム『祭事』（15年）に収録。もちろん

バウンスビートの先駆者

――そしてアルバムとしては2001年に**『UPPER JAM』**がリリースされて。

R この『UPPER JAM』でみんながイメージする餓鬼レンが形成されたかもしれないですね。低音ボイスで押韻職人のYOSHIさん、鼻にかかった声でフロウの達人のポチョムキンさん、っていう。ただ、前に高木さんが「餓鬼レンはバウンスビートを日本でかなり早く取り入れたグループだった」って言われて始めて気づくぐらい、俺はあのビートの感じ、GPさんの和風バウンスな感じが、餓鬼レン印やと思ってたんですけど、それは時代的、シーン的には『UPPER JAM』のタイミングでは珍しかったんですか?

――『BLAST』で「**バウンス/チキチキ**はアリかナシか」っていう特集が組まれるぐらい、チキチキに違和感を持つ人も多かったし、トラックもまだサンプリングが中心だった。ただ、バウンスに挑戦するアーティストも若手を中心に増えていってて、その中でも餓鬼レンジャーは「バウンスを格好良く聴かせる」ことにすごく長けてた感触があるんだよね。

---

m.c.A・T "Bomb A Head!"(93年)へのオマージュ。MVにはベッド・インが登場。

『UPPER JAM』

01年に発表された餓鬼レンジャーのメジャー1stアルバム。

バウンス/チキチキ
16連符でスネアやハットが打たれるビート構成。トラックメイカーのティンバランドが発明したと言われ、そのサウンドプロダクトはヒップホップだけではなくR&B、そしてTRAPにも影響を与える。

R　その乗りこなしの巧さって、ポチョさんのちょっとだけレイドバックしたラップが影響してるんかなと思うんですよね。ポチョさんのラップって、感覚としては、ターザンが綱渡りするみたいに、ビートをちょっと遅れて掴んで、その反動でまたブラーンと次の拍を掴む感じなんですよね。俺の友達の、餓鬼レンがめっちゃ好きな梅田サイファーの**テークエム**は、『SASUKE』の「最初の石を交互に蹴ってくステージ」みたいな感じだって言ってましたけど、確かにそういう感触があるかもな、って。

――ポンポン進みながらも、どこかに「タメ」があるという。

R　そのリズムが、黒人とも白人とも違う、黄色人種特有の感じ……もっと言うとポチョさん独特の感じがあるんですよね。ズラしてるんじゃなくて、自然にズレてるっていう。ラッパーってあえて後ろでビートを取って、ラップをズラして乗ると、失敗することが多いんですよ。でもポチョさんは、自然やから気持ちいいラップになってる。この感覚は唖奇にも似た部分がある気がするんですよね。特にポチョさんがゆっくりしたビートに対して、言葉をたっぷり引き伸ばしたり、放り投げたりする部分が、唖奇のフロウにも通

テークエム
梅田サイファーの一員。梅田サイファーの作品やグッズのデザインに加えて、「Rの異常な愛情」のイベントグッズデザインも手掛ける。

MIDICRONICA
05年にデビューした覆面ヒップホップユニット。イラストレーターのSteroid氏がＨＰで公開していた「ロストナンバーズ」というキャラクターに基づく。ＣＤの発売と同時にストーリーが進行するメディアミックスプロジェクト。メンバーはそれぞれ3ケタの数字の名をもつ。アルバムに『＃５０１』（05年）など多数。

じる部分があるなって。それは唾奇が「MIDICRONICAの894を聴いてた」っていう話をしてたことがあって、894さんはおそらくポチョさんの影響を受けてると思うから、直接ではないとしても、孫ぐらいの影響は、唾奇はポチョさんから受けてるかなって。

――Rくん世代は教科書として餓鬼レンがあったりするの？

R あると思いますね。梅田の連中はみんな通ってるし、**RAU DEF**もなんかのインタビューで「餓鬼レンも降神も聴いてた」って話してるのを読んで「はよ言えよ〜」と（笑）。

――ハハハ。別の世界のタイプかと思ってたら（笑）。

R 「一緒やんけ〜」と（笑）。それぐらい、僕らの世代はみんな餓鬼レンを通ってると思いますね。で、『UPPER JAM』の時期のビートアプローチに話を戻すと、YOSHIさんは頑なにオンビートで、そしてそこに固い韻が乗ることで、よりラップが際立つ構成になってる。その二人の違いは〝My Style Is The Best〟によく現れてるんですよね。

――しかもこの曲は交互にラップしていくから、より明確に違いを感じるよね。

894
MIDICRONICAのメンバー。読み方は「ハクシ」。12年、14年にソロアルバムをリリース。2ndアルバム『#894』収録の〝oNIGoRoSHI〟ではポチョムキンと共演している。

RAU DEF
89年生まれのラッパー。10年に発表した1stアルバム『ESCALATE』が注目を集める。翌年Zeebraへのディス曲を公開し、ビーフに発展。現在はSKY-HI主宰のレーベル「BULLMOOSE」に所属。

R　この時期からYOSHIさんの怒涛の韻が始まるんですよね。今のバトルキッズとか若いMCたちがドヤ顔で踏んでる韻のほとんどは、この時期のYOSHIさんに全部踏まれてる（笑）。

――辛い時代だなぁ（笑）。

R　〝クチコミ8000〟では〈媚び売らん連中とは　絶えずおしくらまんじゅう　冬の時代はシカトだ熱く路地裏探求〉っていうリリックがあるんですけど、「おしくらまんじゅう」でどんな韻が踏めるかを、梅田サイファー全員の脳を集結して考えたんですよね。でも2時間出なかった。最後にKZさんが意地で絞り出したのが「モイスチャーシャンプー」（笑）。

――急に髪の毛サラサラになって（笑）。

R　それぐらい困るんですよ。先に踏まれすぎてて。

――熾烈だね（笑）。そして『DA-PONG』に繋がると。

R　餓鬼レン周り、九州周りの人って全員ラップ上手いんかって思ったのが〝A Chorus 9〟。全員タイプが違う上に、全員キレキレなんですけど、その中でも海って書いて「かい」って読むラッパーがすごく好きで。ラップの

KZ
梅田サイファー所属のラッパー。最新作に『NORITO』（19年）。

巧さももちろんなんですけど、〝風詩 feat. 海,DISRUGRAT〟っていう曲でも、YOSHIさんと二人で内省的なリリックを書いてて、それも最高なんですよね。福岡のMCの**智大**さんも海さんの影響受けてると思いますね。そして、それに続く〝ラップ王子さん〟の〝変なおじさん〟サンプリングというか。

——〝ハイサイおじさん〟サンプリングというか。

R だから冒頭の3曲のごちゃまぜ感に衝撃を食らったんですよね。この曲でYOSHIさんが〈エロそうな事言ってるが偉そうな事言わん 難病〉って言ってるんですけど、餓鬼レンのすごさってそこなんですよね。レジェンドなのにまったく偉そうじゃないし、常に挑戦するし、常に新しいことをしていく。明らかにレジェンドやのに、良い意味でずっと俗っぽくって、神様っていう感じを出さない。それがずっと楽しく聴ける理由なのかなって。

——良い意味でずっと「近所の面白いあんちゃん」なんだよね。

R まさに。その次に出した3枚目の『ラッキー・ボーイズ』で、ポチョさんが抜いた感じのラップに一旦振り切るんですよね。そして、〝ラッキーボーイズ〟でのポチョさんの謎のメロディ感がすごく印象的でもあって。

智大
福岡の親富孝通りを拠点とするラッパー。UMB2018ではベスト16に進出。ら不とのユニット：座敷屋としても活動。

――民謡とかトライバルな感覚があるよね。西洋音階では、バッハの作った音階では表現しにくい（笑）。

R　俺も自分のファースト『セカンドオピニオン』を出した時に、メロディには悩んだんですよ。シーン的にもBACHLOGICプロデュース曲が全盛やったんで、洋楽っぽいサビを思いつかなあかんと思ったし、「おい！　俺の中の鋼田テフロン降りてこい！」って（笑）。でも、そこで悩んでた時に、初心に返って餓鬼レンを聴いたら「あれ、自分の中から出てくるもんで良いんやないの？」って、悩みが抜けたんですよね。

――BLトラックは、コード感が強いゆえに、そこにしっかりメロディを合わせないとバランスが崩れるけど、ポチョさんの生み出すメロディは、コードや洋楽っぽさに支配されないメロディ感があるよね。

R　そう。その自由さはいまでも創作に行き詰まった時に「いや、これもありやな」って思わせてくれるというか。そしてこのアルバムで、YOSHIさんのエロリリカルもさらに進化を遂げるんですよね。その極みが〝ジミーちゃん〟。これは歌詞を読みながら聴いて欲しいんですけど、細かい部分ま

BACHLOGIC
79年生まれの音楽プロデューサー。DOBERMAN INC（現：DOBERMAN INFINITY）の初期作を皮切りに、SEEDAやNORIKIYO、ライムスターなど数々のアーティストのプロデュースを手掛ける。ラッパー／シンガーとして「鋼田テフロン」としても作品に参加する。

でひたすらリリカルなんですよね。ライターさんって育ちとか社会情勢に関してのリリカルさは取り上げるけど、こういうリリカルさをなかなか取り上げないじゃないですか。

――急に矛先が（笑）。

R　そりゃ大変さや辛い出来事はリリカルになりますよ。でも、エロや日常をこんだけリリカルに描写する凄味！　分かって頂きたい！

――さーせんねー（笑）。

名作『GO 4 BROKE』〜活動休止〜復活

R　そういう『ラッキーボーイズ』での変化が確実に必要だったのを証明するような名作が『GO 4 BROKE』なんですよ。1曲目の〝EXCITING RAP 1,2,3〟の1ヴァース目から、『UPPER JAM』『DA-PONG』のキレキレと、『ラッキー・ボーイズ』でのゆるさがハイブリッドされた凄まじいラップをポチョさんが蹴るんですよね。「あれ？　さらにもう一段階ギア上げてきた」みたいな感じの衝撃があるし、このアルバム、本当に名曲多くて。

——多い。『ラッキーボーイズ』は「やる気がなかった」という状況だったみたいだし、**それぞれの外部ワーク**も増えていった時期で。それではいかんと、気合を入れ直して作ったという話はインタビューでもしていて。

R そして私事を話させて頂くと、**『ティンカーベル ～ネバーランドの妖精たち～』**収録の〝ちょっとだけバカ with Creepy Nuts〟で、餓鬼レンさんと共演させて貰ったんですけど、そこで「客演にオマージュを込めるなら何を取り上げるか」に、人間って出ますよね。

——「そこきたか！」って言わせたいよね。

R そう。愛情の深さも出るし。そこで**SKY-HI**さんは**『KIDS RETURN』**収録の〝STRONG ISLAND (Remix) feat. RYO the SKYWALKER,SKY-HI,SHINGO★西成〟で、これまでの餓鬼レンの熱いワード〈上掌〉〈GO 4 BROKE〉〈目がチカチカ〉〈グラップラー〉をサンプリングしてるんですね。

——なにせYOSHIさんがSKY-HIの名付け親だからね。

R じゃあ、俺は〝ちょっとだけバカ〟で何をサンプリングするべきか……と悩んだ末に選んだのが、**〝それいけ！ NEET君〟**。それが俺とSKY-HIさ

それぞれの外部ワーク
ポチョムキンはKEN-1-RAW、DJ MO-RIKIとともにユニット：DOS MOCCOSを本格化させ、DJ HIGH SWITCHとGPのDJチームはH☆G☆S☆Pとしてアルバム『HIGH-GRADE-SPECIAL』をリリース、YOSHIはULTRA NANIWATIC MC'Sの結成へと動く。

『ティンカーベル ～ネバーランドの妖精たち～』

19年に発表された餓鬼レンジャーの7thアルバム。

SKY-HI
86年生まれのラッパー。AAAには「日高光啓」名義で所属する。

んの人生の分かれ目（笑）。
――ハハハ。10代からずーっとエンタメ産業の第一線で働いてるやつと……。

R　ハンバーガー屋のバイトしてる時に、チーズバーガーにチーズ入れ忘れて、同僚の女子高生に「チーズバーガーはチーズが入ってるからチーズバーガーなんです！」って怒られて辞めてニートしてた奴との違い（笑）。

――泣けてくるわ（笑）。

R　〝ラップおじいちゃん〟のサビも、ライムスターが『WANTED!』で「このポチョムキンのメロディは、サンプルが分からないし、天性で思いついたんだとしたら俺はラップやめる」ってMummy-Dさんが言うぐらいに天才的なんですよね。そしてこの曲をいま聴くと「ラップっていう好きなことがあって、それを共有する仲間もいる」ってことがいかに幸せかを感じさせられるんですよね。

――そんな曲だっけ？（笑）。

R　『桐島、部活やめるってよ』で、映画部の子らは映画っていう愛するものがあったから、ヒエラルキーに左右されず自分の好きな人生が歩めるわけ

06年頃よりラッパーとしての活動を開始し、13年にソロデビューを果たす。最新作に『JAPRISON』（18年）。

『KIDS RETURN』

14年に発表された餓鬼レンジャーの5thアルバム。

〝それいけ！ NEET君〟
『GO 4 BROKE』に収録。

『WANTED!』
05年から07年までTOKYO FMをキー局に放送されたラジオ番組。ライムスターが月曜日のパーソナリティーを担当した。

じゃないですか。その「好きなことがある人は大丈夫や」ってほろっと来るようなメッセージが、〝ラップおじいちゃん〟にはあるんですよ!!

――考えたことも無かったな（笑）。このアルバムで一旦餓鬼レンジャーは活動が非常にゆっくりになって、ポチョさんはソロ**『赤マスク』**をリリースしたり、ＹＯＳＨＩさんはレーベル**「VOLLACHEST RECORDZ」**を立ち上げて**ULTRA NANIWATIC MC'S**を結成したり、ＧＰさんはプロデュースワークをメインにするなど、個別の活動がメインになっていって。

R　その餓鬼レンの復活の狼煙となったのが**〝Japanese Chin ～貝より犬より椅子になりたい～〟**。5年ぶりのリリースがこれか！　って最高すぎましたね。ＹＯＳＨＩさんの子音踏みも素敵で。〈でかいケツで解決〉っていう（笑）。その後の〝絶倫ＰＭ〟も衝撃で。

――川崎の金山神社の**「かなまら祭り」**がＭＶのモチーフになってて。

R　その曲の〈クンニしないやつ　犬のクソ〉〈**カーマスートラ**　必読書〉っていうライムも壮絶ですよ。餓鬼レンジャーが戻ってきた！　って大興奮しましたね。

『赤マスク』

09年に発表されたポチョムキンのソロアルバム。

VOLLACHEST RECORDZ
YOSHIが立ち上げたレーベル。ポチョムキン&スーパースター列伝『ゴキゲンRADIO』（07年）、MISTA O.K.I『WELCOME 2 DA "O" ZONE』（07年）などを制作。

ULTRA NANIWATIC MC'S
餓鬼レンジャーのYOSHI、SHINGO★西成、MISTA O.K.I、446の4MCとDJ FUKUによる5人組ヒップホップグループ。06年に1stアルバム『THE FIRST』をリリース。

——そしてベスト盤『**Weapon G**』がリリースされて、9年ぶりのオリジナル『KIDS RETURN』がリリースされると。

R　これはリリース日に梅田の面子でお金出し合って買って。

——個人じゃなく？（笑）

R　貧乏やったんでみんな割り勘で1枚を回そうと（笑）。でもその当時、俺はハタチぐらい、KBDさん30ちょっと（笑）。でも、やっぱりブルッときましたよ。活動休止からの復活で、〝そんなんじゃない〟とか〝YES!!〟みたいな熱い心情を歌う内容もあって。ただ、まさかリード曲が〝TACO DANCE〟。1ヴァース目から〈ようこそ陽子 軽快に景子〉ですから（笑）。

——その前に、ベストに収録された新曲〝まずは空手チョップ〟や〝SHORT PANTS〟があったとはいえ、9年ぶりのオリジナルアルバムの推し曲のリリックとは思えない（笑）。

R　でも、この曲のMVを見ると、ポチョさんはかなり踊れる人で、それがラップのフィジカルにも繋がってるのかなって。そして続く『祭事』で「まだ進化するつもりですか？」って俺が思ったのが、1曲目の〝仏恥義理〟。2人と

〝Japanese Chin ～貝より犬より椅子になりたい～〟
10年に発表された餓鬼レンジャーの配信限定シングル。

かなまら祭り
鍛冶の神を祀る金山神社で行われる祭。男根を模した神輿が街を練り歩く。

カーマスートラ
4世紀から5世紀にかけて成立したといわれる、古代インドの性理論書。

『Weapon G』

13年に発表された餓鬼レンジャーのベストアルバム。

もヤンキーフロウというか、**ビーバップフロウ**みたいな感じなんですよね。

――戯画化されたヤンキー喋りをラップに落とし込むというか。

R 方言とヤンキー言葉を織り交ぜて。そして最後は暴走族がやるバイクのコール音を、YOSHIさんがラップで表現するという（笑）。でもそういう風に『祭事』では二人共挑戦しまくるんですよね。レジェンドやのに若手ぐらい遊び心満載に挑戦してる。

――自分のスタイルが固まると、それをやるのが正義になりがちだけど、レジェンドほどそれを壊していくよね。それは餓鬼レンジャー然りで。

R **m.c.A・T**さんの **〝Bomb A Head!〟** のオマージュで〝On The Bed feat. m.c.A・T〟もそうなんですよ。ポチョさんの、プレイ中の擬音でヴァースを固めるっていう手法の極みがここにありますね（笑）。そして次作の『キンキーキッズ』では、「スキット芸」が極まるんですよね。

――餓鬼レンジャーの作品ではトークコント的なスキットが重要だからね。

R そして〝WASABI〟ではTRAPにもチャレンジして。フロウも格好いいんやけど、内容としてもリリカルなんですよね。〈これ必要ないや

ビーバップフロウ
きうちかずひろのヤンキー漫画『ビー・バップ・ハイスクール』のようなヤンキー的フロウのことだが、ヒップホップ用語では無い。

m.c.A・T
61年生まれのミュージシャン、音楽プロデューサー。92年からエイベックスに所属。ポップな楽曲にラップ歌唱を取り入れ一世を風靡。富樫明生としてDA PUMPなどのプロデュースも。

〝Bomb A Head!〟
93年に発表されたm.c.A・Tの1stシングル楽曲。「ボンバヘッ」というフレーズが印象的に使われる。

つバカ 絶対わさび でっかいマラより 日本が誇る宝〉とか、ライムも固いし、内容も奥深い。

——奥深いのか？（笑）。

R おそらく、白人や黒人はでっかいマラやけど、日本人には山椒は小粒でもぴりりと辛い的な美徳があって、それが日本の誇る宝やと（笑）。

——じゃあ、その妄想が正しいか、餓鬼レンジャーの皆さんに聞いてみましょう。

柴田理恵さんはまだギャル

R どうですか、いままでの話で間違いありましたか？

ポチョムキン（以下ポチョ） いや、間違いないですね。

GP 100点ですよ。本当に全部当たってます。〝WASABI〟のくだりもRくんが言ってたのが正解だと思う。

R マジっすか!?

ポチョ そうだね。

——委ねたでしょ、今？（笑）

GP　スキットを大事にしてるのも当たってるしね。『キンキーキッズ』からのスキットは、サンドウィッチマンとかのネタの構成をしてる構成作家の須藤陽平くんと一緒に作ってて。だから結構本気でやってるんですよ。

ポチョ　いよいよプロが入り出して（笑）。だからクオリティが上がってるんですよ、自然と。

DJオショウ（以下オショウ）　スキットっていうと、普通は楽曲を制作している合間に余白の時間があったら、ちょっとブースをお借りして録ったりっていうのが大体基本なんですけど、『キンキーキッズ』に関しては、もう完全に丸一日スキットの日を押さえて、多額のお金を投じて作ってますから（笑）。だから遊びのスキットじゃなくて本気のスキットなんですよ。

R　演技力も上がってますもんね。**〝skit ～魅惑のコンビニ～〟**もポチョさんがおばさま役で。

オショウ　僕がバイトの青年役で、ポチョムキン演じる熟女店員に青年の僕がバックヤードで犯されるっていうストーリーを演じて（笑）。さっきRくんも言ってたけど、ポチョムキンのいろんな器用なことが出来るラップスキ

〝skit ～魅惑のコンビニ～〟
『キンキーキッズ』に収録。

ルは、スキットでの自分のフィルターを通して新たなキャラに生み変えて出せるっていう演技プランだったり、器用さにも繋がってるのかなって。おばさんも出来るし天使も出来るし、って。

ポチョ　ありがとう。オショウも演技が上手いんですよ。

R　確かに、ホンマにおどおどしてる青年感出てますよね。そういえばオショウさんって、実際に奥様系の人が好きなんですよね？

オショウ　まあ奥様系……結構（笑）。

GP　熟女好きですよ。

オショウ　まあ年老いた方が好きという（笑）。

――年老いたまでいくんですか（笑）。

ポチョ　老婆がね（笑）。

オショウ　老婆じゃないんだよ～。それは行きすぎなんだ～。

GP　だから「じゃあどこからが熟女になるの？」って訊いたら、「柴田理恵さんはまだギャル」って言ってました。

全員　ハハハ！

GP　柴田理恵さんで女性として始まったばっか。スタートライン（笑）。

R　随喜と真田のスキットもすごいっすよね。

ポチョ　**〝☆T.O.B.E.R.A☆〟**の。結構いろんな造語を発明しました。

R　日本語ラップの造語で言うと、ニトロのファーストに入ってる**「チャリンコラブホ」**と、餓鬼レンジャーの「お掃除クンニ」が二枚看板がなんじゃないかと（笑）。

――その看板、掛け変えましょう（笑）。Rくんの分析パートで出た〝ラップおじいちゃん〟などの、トライバルというか、土着性も感じるメロディ感やビート感の根底はなんだったりしますか？

ポチョ　民謡だったり、面白がってやってたりもあるし、もっと言えば山形家に脈々と流れる血としか言いようがない（笑）。でも、実は元ネタがあって、その真似をしても上手くいかなくて、いじくり回してるうちにオリジナルなところに着地するみたいなことも往々にしてあって。だから、全部内から出てますってことでもなかったり。

GP　ポチョが生み出す変なメロディを、僕が一回汲み取って、「たぶんこ

〝☆T.O.B.E.R.A☆ Feat. ダースレイダー（D.M.R）, Yoshi（餓鬼レンジャー）〟
随喜と真田２・０のアルバム『FESTA E MERDA DI TORO』（07年）に収録。

「チャリンコラブホ」
NITRO MICROPHONE UNDERGROUNDの1stアルバム『NITRO MICROPHONE UNDERGROUND』（00年）に収録〝BAMBU〟で登場するフレーズ。発声しているのはMACKA-CHIN。

う行きたかったんだろうな」ってことを解釈して作っていくこともあるしね。

ポチョ　そういうのもあります。

R　ヴァースもフックのメロディも、マジでどれにも似てないんですよね。『リップ・サービス』の時のポチョさんはすげぇメロディアスで、『UPPER JAM』や『DA-PONG』の時期はメロディじゃないフロウの気持ち良さ、最近はちゃんとメロディがついたり、変化があると思うんですが、その流れは？

ポチョ　『リップ・サービス』の時期だとLIBROとかもそうだったと思うけど、あそこまで音楽的じゃないにしても、いろんなチャレンジの上でそれが成り立ってたりしたと思う。レゲエも好きなので、たぶんそういう方面からの影響もあるしね。でも、気持ちよくラップできる、気持ちよく聴けるっていうのは、ずっと変わらないテーマかなって。

——話は変わって、〝ちょっとだけバカ〟を一緒にレコーディングしての感触は？

R　めちゃめちゃ意見を取り入れてくれるし、柔軟にその場で対応してくれてるんですよね。キャリアが長い人やと、方法論が完全に決まってたり、あんまりイレギュラーなことはしないと思ってたんですが、餓鬼レンは「じゃあYOSHIくん歌ってみてよ」「ここRはどう思う?」みたいに、どんどんその場で柔軟に変わっていくんですよね。

オショウ　普通だったらRくんに16小節だけはめてもらうみたいなのが一般的なやり方だと思うんだけど、サビや純サビにあたるメロディとかも、今回いろいろ作ってもらって。それによって曲全体にフィーチャリングしてもらうっていう感覚が今回生み出されて。餓鬼レンジャーだけだったら絶対できない曲、一緒にやったことによって曲をゼロから生み出した感っていうのがすごく出てて。本当にやってもらえたことに大感謝ですよ、餓鬼レンジャー一同。

R　こちらこそですよ。

オショウ　ちゃんとDJ松永くんも大事なシャウトをしてくれて。

R　それが決まったのもRECの当日なんですよ。松永のシャウトパートは俺が考えてて、本当は俺がすごい低いテンションであのフレーズを言う予定だったんですね。でも、急にGPさんとポチョさんが「これ、松永くんに言ってもらおうか」って(笑)。それで急に松永がブースに呼び出されて、「じゃあこの部分言って」って4テイクぐらい録って、「OK。バッチリ」みたいな。だから、松永、正解がどれか分かってない（笑）。

オショウ　普通なら当然スクラッチかとみんな思いきや、真顔で一言シャウトするっていう（笑）。

R　その柔軟さが、いろんなことを試していくってことに繋がっているのかなって。

――ルーティンのやり方があったら、そこに沿っちゃった方が楽だけど、面倒臭がらず新しい方向を柔軟に考えるのも原動力ですか？

ポチョ　でも逆に言うと、面倒臭がって「そのアイディアで！」「お任せします！」みたいなことも無いわけではない（笑）。ただ、YOSHIくんはすごい韻にこだわるから、なかなか歌詞は書き換えたくない人なんで、そこは結構大変ですよ（笑）。

GP　「俺はこれや」っていうのがあるからね。

――そのまま前半の答え合わせをしていきたいんですが、バウンスビートに傾倒したキッカケは？

GP　最初、古賀っていうＤＪがいたんだけど、彼が辞めて僕と**DJ HIGH SWITCH**が加入したんですけど、そのタイミングでビクターからメジャー進出することになって。そうするとサンプリングの問題が出てきて、極端に言えば「サンプリングはやってくれるな」と。それでめちゃくちゃチョップして元ネタが分からないようにしたりしながらサンプリングもしてたんですが、それも厳しいかなと思ってた時に、丁度チキチキブームが重なってきたんですよね。打ち込みだからサンプリングしなくていいっていうものあったし、新しいムーブメントを試してみたい、っていう気持ちもあって。それに餓鬼レンジャーは九州というサウススタイルだったので（笑）。

――日本の南部として（笑）。

GP　それでどう反応されるかは分からないけど、バウンスを試してみたんですよね。〝火ノ粉ヲ散ラス昇龍〟だったり〝グチコミ5000〟。それらが意外と受け入れられたのが、その方向に進んだキッカケですね。

オショウ　その頃、僕はMICADELICのメンバーで、餓鬼レンジャーと同じ事務所だったんですよ。その時に餓鬼レンジャーがいち早くバウンスや最新

DJ HIGH SWITCH
78年生まれのＤＪ、トラックメーカー。01年に餓鬼レンジャーに加入。09年にはソロアルバム『PARTY STARTER』をリリース。13年にグループから脱退。

のヒップホップのUSトレンドをすごくすんなり取り入れてて。しかも、餓鬼レンジャーっていうブランドをしっかり守ってるから、「こいつらちゃんと最新のことをやりながらも、自分をキープしてる」って悔しかったし、その勇気と冒険心と探究力がすげぇ格好いいなって思ってましたね。

——〝國山國蔵〟でも当時**YING YANG TWINS**が流行らせたウィスパーラップを取り入れてますもんね。ビートも**クランク**だし。ポチョさん的にバウンスビートにラップするのはどんな感覚でしたか？

ポチョ　めちゃくちゃやりやすかったんですよ。〝火ノ粉ヲ散ラス昇龍〟の時は、もうラップするのがただただ楽しくて。いくらでも書ける！　みたいな。だから、気持ちよくラップできるビートだったら何でもいいし、って感じだったし、あの時期は「どんなビートでも！」みたいな気持ちで、YOSHIくんと2人で一緒にリリック書いてましたね。バウンスビートの時は、やってみて生き生きしたラッパーも多いと思うんですよね。

——いまの若い子がTRAPに走るみたいなもんで。

R　そういう面だと、俺はTRAPやBPMの遅い曲にまだ完璧に慣れはな

〝國山國蔵〟
『GO 4 BROKE』に収録。

YING YANG TWINS
97年に結成されたジョージア州出身のヒップホップユニット。03年発表の『Me & My Brother』と05年の『U.S.A. (United State of Atlanta)』は全米でミリオンヒットとなった。

クランク
00年代にサウスアメリカのヒップホップシーンを中心に流行したスタイル。シンセサイザーの電子的なサウンドと激しいシャウトを取り入れたラップが特徴的。代表アーティストにリル・ジョンなど。

いんですけど、確かに若い子だとＴＲＡＰの方が余裕って言いますもんね。

——〝The Skilled feat.LITTLE,FORK〟はその頑固職人ぶりが出てましたね。

R　お三方ともどんなパターンの韻の踏み方も出来る方なんですけど、この曲だとＹＯＳＨＩさんは母音で長く固く、**LITTLE**さんは語感や流れで、**FORK**さんは子音を繋ぐセンテンスのプロセスで気持ちよさを生むみたいな。三者三様の踏み方をしてるんですよね。

ポチョ　共通してるのは、リリックでも言ってますけど、時代と逆行してるっていう意識ですよね。韻が好きなこと自体がもう古いのは分かってます。だけど、こんだけプライド持ってやってるし、格好いいでしょ、っていうことを提示してるなって。

R　韻好きなやつはそういう「時代遅れかも」っていう卑屈なマインドに入りがちなんですよ（笑）。僕の同世代にも韻好きはたくさんいるんだけど、長いライムを考えなくても、格好よくラップできる人のほうがむしろ多い。だから、韻にこだわってる身としては「はいはい、古いですよ……」みたいなひねくれもあるんですよね。でも、それでもやっぱ韻が好き！　みたいな。

〝The Skilled feat.LITTLE,FORK〟
『ティンカーベル ～ネバーランドの妖精たち～』に収録。

LITTLE
76年生まれのラッパー。97年から活動開始したKICK THE CAN CREWのMCとリーダーを担当。グループ休止後、本格的にソロ活動を開始。高い声のフロウと固いライミングが特徴。アルバムに『アカリタイトル2』（15年）など。

FORK
80年生まれのラッパー。01年に結成されたヒップホップクルーICE BAHNの一員。「ライムセーバー」を名乗り、韻を重視したスタイルで知られる。即興ラップの実力者であり、06年「ULTIMATE MC BATTLE」優勝、「フリースタイルダンジョン」には2代目モンスターとして出演する。

それは〝The Skilled〟にも感じたし、〝NJな夜 feat．伊藤沙莉〟〝蘇生島〟のポチョさんも、やっぱり超ハードドライマーで感動しました。

ポチョ よくぞ言ってくれました。〈細胞同士が 求め合う〉〈最高の日だぞもれなく〉と、かなり長く踏んでます（笑）。

R 長くて固い‼。

ポチョ 気づいてくれてよかった（笑）。

R YOSHIさんの〈引きずる大腸&小腸 I'm a danger〉も、大腸を「てっちゃん」、小腸を「こてっちゃん」と読んで、「danger」と踏んでるのも流石やな、って。

エロとスキルで超越する

GP しかし、Rくんがこんなに餓鬼レンジャーを好いてくれてるとはね。しかも中学のときから。

R 怖いラップも好きやけど、俺自身はそうじゃないな、と思ってた時に、「普通であり、スキルフル」っていう部分で惹かれたんやと思いますね。あとエロも（笑）。でも、00年付近の日本語ラップバブルの、周りが全員不良みた

〝NJな夜 feat．伊藤沙莉〟〝蘇生島〟
『ティンカーベル ～ネバーランドの妖精たち～』に収録。

いな時期に、餓鬼レンジャーがどうやってシーンに出ていったかという苦労の話も、以前に少し聞かせて貰って、やっぱり大変やったんやなって。

ポチョ　大変だったたって意識はないけど、今思い返すとハードな現場も結構あったかもですね。

GP　〝ちょっとだけバカ〟でも喧嘩はヤダって言ってるし（笑）。

R　でも『UPPER JAM』の時にM.O.S.A.D.とやってたり。

――もっと遡ると**MAGMA MC's**が主催してた**『地熱』**のミックステープで名前を上げたわけで。

R　その意味でも、餓鬼レンはハードな人とも文系な人とも、両方と繋がれる存在だと思うし、しかもラップのスキルで、格好よさで相手を認めさせて、繋がってるっていうのが素敵やと思うし、自分もそうありたいなと思うんですよね。

ポチョ　ヒップホップをやっていると、いろんな人に出会えるじゃないですか。それが楽しいし、ヒップホップっていう共通言語があれば、その他の属性とか気にせずに繋がれるっていう。

R　でも、不良の人たちのクラブに行く時にすごい大変やった、作戦会議し

MAGMA MC's
90年代中盤に結成されたNOBとRYUZOによるヒップホップユニット。京都を拠点に関西で活動。03年に1stアルバム『MASSIVE』でメジャーデビュー。

『地熱』
MAGMA MC'sが京都で行っていたイベント。マグマのバックDJだったDJ GOSSYが手掛けたミックステープ『地熱』もリリースされていた。

てたって話も好きで（笑）。

ポチョ　そんなこともあった気がする（笑）。

GP　でも、そういう時にYOSHIくんの最強のエロ神様具合が功を奏するんですよ。地方に行っても「あ、あのエロいYOSHIさんですか？」とか（笑）。

――エロでリスペクトを集めて。**加藤鷹かアダム徳永**ですよ、それじゃ（笑）。

GP　それぐらいレジェンド級のエロ神様、YOSHIくんは。ただ面倒くさいのは、彼はエロにいろいろ挑戦し続けてきて、数々の名言を僕らに残してくれてるんですけど、それを雑誌とかテレビ、ラジオで絶対言わないし、いじると後で怒るんですよ。

R　ハハハ！

GP　海外とか地方で、僕らを喜ばすために、エンターテイナーとしていろんなことにチャレンジしては、その土産話をしてくれるんですよ（笑）。それで「今回もすごいネタできたね〜」なんて盛り上がるんですけど、他所では言わないいんだよね。

ポチョ　自分がエロ神だっていう意識があるんでしょうね、YOSHIくん。

加藤鷹かアダム徳永
加藤鷹はレジェンドAV男優、アダム徳永はセックスセラピスト。

真面目だから、俺たちを喜ばせなきゃって頑張ってくれるんだけど、もうそこまでいくと「それ、本当に心から楽しんでるのかい……？」って。

R　義務感になってないか、と（笑）。

GP　地方でYOSHIくんに初めて会う若手のラッパーが、軽いノリで「僕も変態なんですよね〜」って言ったら、YOSHIくんが「変態を軽々しく言うな！　俺はホンモンやぞ！」って怒ったという。

――『GO 4 BROKE』でインタビューした時に、YOSHIさんが女性がミニカーを踏みつぶすAVの話をずっとして、果たしてそれはエロなのか、そして音楽誌のインタビューなはずなのに……と悩んだ記憶が（笑）。

ポチョ　『GO 4 BROKE』のタイミングで、**SODでAV監督**もやらせてもらったんですよ。

R　そうや。これも重要な要素でしたね。

ポチョ　それがまあまあ売れてしまって。

GP　そのAVの制作自体、アルバムのプロモーションの一環だったはずが、アルバムよりそっちが売れてしまって。

SODでAV監督
『極エロダンス×騎乗位ファック』（SOD）。現在は諸事情で入手困難。

全員　ハハハ！

ポチョ　マンハッタンでも取り扱ってくれて、ジェイ・ZとかのDVDと一緒に餓鬼レンジャー監督作品が並んでるんですけど、ちゃんと1位になってたっていう（笑）。

R　いけてるな～。

――ダンスバトルが一応内容の縦軸になってるんですよね。

ポチョ　俺とYOSHIくんで審査して、勝った何人かが餓鬼レンジャーのバックで踊るっていうエンディングで。全裸で（笑）。

GP　カオスですよ。僕もDJとして舞台上にいたんですけど、AV女優の方が、全裸で〝POP DA BOOTY feat. Pocyomkin〟で踊るんですよ、ZOOの〝Choo Choo TRAIN〟みたいに前ならえの状態で。その下にポチョムキンが寝て、股間を見上げながらラップしてましたからね。

R　めちゃくちゃやん！

――僕、現場にいたんですけど、それを見ながら「人間、この状況だとどういう気持ちでラップするんだろう」と（笑）。

〝POP DA BOOTY feat. Pocyomkin〟
ULTRA NANIWATIC MC'Sのアルバム『THE FIRST』（06年）に収録。

ZOO
89年に結成された日本のダンス＆ボーカルユニット。

〝Choo Choo TRAIN〟
91年に発表されたZOOの4thシングル。メンバーが縦にならび、円を描くように体を回す振り付けが有名。後にEXILEにカバーされた。

ポチョ　ラップやっててよかったなって（笑）。

——ということでそろそろお時間が来てしまいました。

R　ホンマすか？　全然話し足りないですね。

ポチョ　フレーズやリリックを深く取り上げてくれるのが最近はあんまりないんで嬉しくて。

R　ラップやってるからこそ感じる「餓鬼レンはこんなにすごいのに、なんでみんなもっと取り上げへんねや！」っていう歯がゆさがあったんで、それがお話できて、こちらも嬉しかったですし、もっと話したかったです。

ポチョ　高田馬場は『DA-PONG』の制作の時に、みんなでウィークリーマンション借りて泊まってた場所なんですよ。そして〝ジミーちゃん〟で出てくる「女医と看護婦」は、その近所にあったヘルスの名前（笑）。

GP　まだあんのかな？

ポチョ　もう無かったね。俺、さっき時間あったから見に行ったんだけど（笑）。

R　残ってたらこの後にみんなで聖地巡礼でしたね（笑）。

——どういうオチだ（笑）。

第4章

般若の生き様

PROFILE

般若

78年生まれ、東京都世田谷区育ちのラッパー。96年にDJ BAKU、RUMIと共に「般若」を結成、98年からは妄走族のメンバーとして活動した。04年に1stアルバム『おはよう日本』でソロデビュー。08年には「ULITMATE MC BATTLE」で優勝する。以降も『HANNYA』(09年)、『BLACK RAIN』(11年)などのアルバムをリリースし、15年からは「フリースタイルダンジョン」に初代ラスボスとして出演。19年には単独武道館ライヴを成功させた。「昭和レコード」を主宰。

奇跡の78年世代

R 今回は般若さんを取り上げさせて頂くんですが、みなさん義務教育は受けて来られてると思うので、般若さんのことはよくご存知ですね？

——国語、算数、理科、社会、般若だと（笑）。このイベントの第一回から般若くんの名前は挙がっていて。

R 必ず取り上げたいラッパーですし、今年「フリースタイルダンジョン」のラスボスを般若さんから継がせて頂いたので、改めていま般若さんについてお話出来ればと。

——まず軽く般若くんのヒストリーを振り返ると、もともとフィーメールMCの**RUMI**、**DJ BAKU**とともに「**般若**」というグループを高校生の時に組んだのがキャリアの始まりだね。

R 般若さんは当時YOSHIっていう名前でラップしてて。そのグループが解散したので、グループ名を引き継いで、MCネームを般若にしたという。言うたらバカリズムさんと同じ方式ですね。ここで個人的に重要だと思ってて

RUMI
78年生まれのラッパー。00年代にはMSC、降神らと結びつきを深め、共演多数。アルバムに『HELL ME NATION』（09年）など。

DJ BAKU
78年生まれのDJ。05年には監修・音楽をつとめた音楽ドキュメンタリー映画『KAIKOO／邂逅』を発表。09年には12人のラッパーと共演したアルバム『THE 12JAPS』をリリース。

般若
96年に結成されたYOSHI、RUMI、DJ BAKUによるヒップホップユニット。

るのは、般若は全員が1978年生まれなんですよね。皆さんの手元にすっごい汚い文字の紙があると思うんですけど、これが僕の考えた般若さんの分析チャートです（P146参照）。

——この汚い字を人に渡せる勇気ですよ（笑）。

R この気概も俺は般若さんに教わりました。「自分をちゃんと出せ！」と（笑）。そこに78年生まれのラッパーをメモってあるんですけど、完全に黄金世代なんですよね。まず東京は漢さんや**D・O**さん、横浜はOZROSAURUSのMACCHOさん、名古屋は**TOKONA-X**（以下、トコナ）さんや**AK-69**さん、仙台だと**GAGLE**のHUNGERさん、大阪だと**茂千代**さんや**BASI**さん……。

——**STERUSS**のDJ KAZZ-K、BELAMA2、crime6もそうだね。

R お笑い芸人だとオードリーさん、ロバートの秋山さんとか。

——女優だと麻生久美子、小西真奈美、遠藤久美子……。

R 椎名林檎さんも78年生まれ。

——浜崎あゆみや矢井田瞳、ELT持田香織、MISIAもそう。

R どういう年やねん（笑）。余談ですけど梅田サイファーのKBDさん、

D・O
78年生まれのラッパー。練馬区を拠点に活動、練マザファッカーの元リーダー。現在はMC漢が代表をつとめる9sari groupに所属。アルバムには『JUST HUSTLIN' NOW』（06年）など。

TOKONA-X
78年生まれのラッパー。名古屋を拠点とし、トラックメーカーの刃頭とユニットILLMARIACHIを結成。また、AKIRA、"E"qualらと共にM.O.S.A.D.の一員としても活動した。04年にはソロアルバム『トウカイXテイオー』を発表。04年に26歳の若さで急逝した。

AK-69
78年生まれのラッパー。倖田來未やAI作品などへの参加で知名度を高め、渡米後のアルバム『The Independent King』（13年）で高い評価

矢井田瞳さんと大学が一緒で、「キャンパスの中で見たことある」って言ってました。あと高木さんも78年生まれですね。

――この中だと相当霞むな（笑）。

R　その中で般若さんは、「78年生まれの中で一番努力型」だと思うんですよね。挙げた名前を見れば分かる通り、78年は天才たちがひしめいてるんですよね。キャラクター、楽器としての声、ラップ力、カリスマ性のレベルがハナから高くて、声一発でリスナーをロックできる天性の存在ばっかり。

――しかもトコナやMACCHOはそれを10代から見せつけてた、恐るべき子供たちだった。

R　SCARSのBESさんみたいに、人間離れしたリズム感と発声を持ってる人もおって。そんな天才ひしめく78年生まれの中で、般若さんは何が秀でているかと言ったら「努力」だと思うんですよね。とにかくこの世代の中で、一番いろんなラップのスタイルやアプローチを試している。「その人がその人であれば成立する」ラップをする人が多い中、般若さんはフロウや声色の変化に加えて、ストーリーテリングやディスのようなテーマ性も含めて、

を得る。16年には米国の名門レーベルDef Jam Recordingsと契約。最新作に『THE ANTHEM』（19年）。

GAGLE
MCのHUNGER、DJ／トラックメイカーのDJ MITSU THE BEATS、DJ Mu-Rで構成されるヒップホップグループ。仙台で結成され、HUNGERの独特のラップスキルとDJ MITSU THE BEATSのトラックは、海外でも評価が高い。アルバムに『Vanta Black』（18年）など。

茂千代
関西版の〝証言〟とも言われるDJ KENSAW〝OWL NITE〟に、RYUZO、BAKA de GUESS?、WORD SWINGAZ、HERO DA JOKERと共に参加し、グループ：DESPERADOとしても活動。解散後はDJ KENSAWと共に『NIWAKA』（08年）をリリース。大阪アンダーグラウンドのレジェンド。

とにかく色んなことにチャレンジして、それを粘り強く続けていってるんです。それが出来ること自体が才能だと思うし、努力型ゆえに、ラッパーとしての幅が広くなったと思うんですよね。だから年代によってアルバムの色も、歌っている内容も違って、一枚のアルバムの中でもアプローチが変わるから、どの作品もとにかく楽しめるんですよね。

――トコナやMACCHOという、とにかく楽器として声に凄味があるラッパーと比べてしまうと、特に妄走族の頃の般若の声は、フリーキーさというボイスコントロールの部分では特徴的ではあるけど、声はいまより細くて、滑舌もそこまで良くはない。でも、それがチューンナップされて、ストレートな声で、リスナーにダイレクトに届くようなラップになっていくわけだから、コンスタントなリリースも含めて、「ラッパーとしての進化」という部分が、一番如実に見える存在なのかもしれない。

R 特徴のある「変わった声」ではないけど、もともと「感情の乗せ方」はずば抜けてたと思いますね。自分のラップに感情を乗せて、感情の起伏でフロウを作るっていうアプローチを、般若さんは初期から意識的にやってたと

BASI
78年生まれのラッパー。大阪を地場にするヒップホップバンド、韻シストのMCをつとめる。11年には1stアルバム『RAP AMAZING』をリリースするなどソロ活動も行う。

STERUSS
97年に結成された横浜を拠点とするヒップホップクルー。現メンバーはMCのBELAMA2、crime6、DJのKAZZ-K、ビート武士。アルバムに『The Rap Messengers』(12年)など。

SCARS
03年にA-THUG、bay4k、SEEDA、BES、I-DeA(11年に脱退)を中心に結成されたヒップホップグループ。06年の1stアルバム『THE ALBUM』が高く評価される。

思う。フロウの安定性をぶっ壊してまでも、自分の感情をダイレクトに乗せることによって、すごい波形のラップを作る。声を落とし目にしたり、上ずって歌ったり、裏声でアプローチしたり、っていろんな感情を声で表すのを般若さんは初期からやってたし、それが強みだと思います。俺自身も、その部分はかなり影響を受けましたね。俺も自分の声に特徴がないと思っていたので。

――でも天性の声を持つ人なんて当然一握りだし、大多数のラッパーの声には強い特徴は無いよね。

R　コッペパンの時には、隣にKOPERUみたいな声に特徴のあるラッパーがいたんで、そこで自分の色をどう出すかを考えたら、般若さんみたいに声色を使い分けたり、感情の乗せ方なのかなって。そこはエミネムの影響も大きいと思いますね。

――『グランドスラム』の〝我覇者なり〟で、〈俺は何で出来てる？　長渕　ブルーハーツ　NANJAMAN　エミネム〉って明言してるし、初期はすごくその影響を感じる。

BES
78年生まれのラッパー。ヒップホップユニットSWANKY SWIPE、SCARSの一員としても活動。08年には初のソロアルバム『REBUILD』をリリース。

『グランドスラム』

16年に発表された般若の9thアルバム。

ヤンキー漫画の主人公

――では、Rくんが般若作品に出会ったのは？

R 中1か中2、きっかけはジブさんの『TOKYO'S FINEST』でしたね。これもツタヤでレンタルしたんですけど、アルバム最後の〝GOLDEN MIC(REMIX) feat.KASHI DA HANDSOME,AI,童子-T,般若〟で、「すごい名前の人やな」って興味を持って、聴いたら〈ガタガタ抜かすな道開けろ雑魚〉って、いきなりラップが飛んできて、もう田舎の中学生からしたら「ヤバいヤンキー来たよ！」みたいな（笑）。

――声色のフリーキーさといい内容といい、とにかく強烈だよね。

R 〈例えばカチコミ　例えばFreeStyle　例えば〝Ｄｉｓるな〟　ハァ？　そりゃ無理ッスわ〉みたいに、この曲に至るまでの般若さんの手段が表現されてて。「カチコミ」っていうのは、ライヴジャック、マイクジャックのことなんですよね。

――他のアーティストのライヴに乗り込んで、その時間を奪ってしまうという。般若が参加していた妄走族というグループは、そうやって「カチコミ」をかけてた。

R マイクを奪って、DJも押しのけて、自分らのライヴを勝手に始めるんです。そこで当然喧嘩にもなるし、フリースタイルバトルにもなるし、ビビって妄走族に時間を渡しちゃう人もいる。般若さんの自伝（**『何者でもない』**幻冬舎刊）で反省したりもしてるんですけど、SNSもなにも無かった時代に、どうやって自分達を宣伝するかって言ったら、マイクジャックしか思いつかなかったと。そういう自分たちがどうシーンに出てきたか、っていう手段を、ここでラップしてるんですね。それも含めて聴き終わった時には般若さんしか頭に残らなくて。

――一人だけテンションが異様だしね。

R 自分のアルバムの最後を、般若さんに任せたジブさんの度量の大きさもすごいですよね。それと同時にDABOさんの『DIAMOND』も借りてて、収録の〝おそうしき feat.般若〟でも、むちゃくちゃ色んな人をディスりまくってる上に、フリーキーなフロウでラップしてて、もう即チェックし

『何者でもない』
18年に幻冬舎より刊行された般若の自伝。

ないと！　と思って、すぐに1st**『おはよう日本』**を借りたんですよね。そしたらそこにはイケイケの般若さんも、ディスる般若さんも、感情をめっちゃ乗せる般若さんも、ストーリーテラーの般若さんも……って、全曲が俺には衝撃でしたね。

——その意味でも、すごくバランスを意識したアルバムではあるよね。

R　そうなんすよ。「ソロラッパーのアルバムとは」というかを、どういう構成にしたら、自分の出したいエレメントがバランス良く形にできるか、ちゃんと分析して作ってある。当時はキャラとかディスが取りざたされたけど、いま聴くと非常にしっかり作り込まれた素晴らしいアルバムですよね。あと、ここで感じたのはヤンキー性なんですよね。

——不良性ではなくヤンキー性？

R　78年生まれのなかでも「ヤンキー」は般若さんだけなんですよね。不良という枠組みであっても、トコナさんやD·Oさんはギャングに近いと思うんですよ。BESさんはディーラー的だし、MACCHOさんは**ローライダー**とかに近い。それがUSのヒップホップを日本に意図的に輸入することでも

『おはよう日本』

04年に発表された般若の1stアルバム。

ローライダー

シボレーやフォードなどの大型アメ車をカスタムする文化。アメリカ西海岸を中心に隆盛を誇っている。

あると思うし。そんな中、般若さんの不良性はバリバリにヤンキーなんですよね。

――USの流れを汲んだ「金を稼ぐタイプの不良性」ではないし、その意味でも「ヤンキー」だよね。

R **『クローズ』**の坊屋春道みたいな不良なんですよ、般若さんは。喧嘩っ早い、スケベで照れ屋、ツンデレっていう、ヤンキー漫画の主人公そのものの。しかも、初期の般若さんって、ヤリたいし、それで女の子に声かけまくるけど、結構フラれてるパターンが多くて、それもヤンキー漫画の主人公っぽいし、信用できる感じがあったんですよね。そういうヤンキー、地元にもおるしな、って（笑）。その取っ掛かりやすさが、般若さんに影響を受けたラッパーの多さにも繋がると思うんですよね。例えば、一つの容器に般若さんとTHA BLUE HERB（以下、TBH）のILL-BOSSTINO（以下、BOSS）さんを入れて混ぜ合わせます。さてどうなるでしょうか？

――急に料理番組みたいになったぞ（笑）。

R それをかき回すと**ZORN**さんが生まれます。

『クローズ』
高橋ヒロシによる漫画。「月刊少年チャンピオン」にて90年から98年まで連載。三池崇史によって映画化もされた。坊屋春道は主人公。

ZORN
89年生まれのラッパー。東京都葛飾区出身。ZONE THE DARKNESS名義で活動を開始し、ULTIMATE MC BATTLEやB BOY PARKなどのMCバトルで好成績を残す。14年に般若主宰の「昭和レコード」に加入したが、19年に卒業を発表。最新作に『LOVE』（19年）。

――ハハハ、なるほど。

R そして妄走族の頃の般若さんと、初期の尖りまくってるBOSSさん、そして降神とかの日本のアンダーグラウンド系のラッパーを入れて、レンジでチンすると……呂布カルマさんが出てきます。

（観客 爆笑）

――ホカホカの呂布カルマくんが（笑）。

R あと〝やっちゃった〟とか〝花金ナイトフィーバー〟とかのエロい般若さんに、TRAP系の流行を取り入れたラッパーを入れます。それを混ぜて冷凍庫で一日冷やしてもらうと……。

（観客 t-Ace！）

R 正解！（笑）。そして、ライムスターやTBHに、ケツメイシとかのポップフィールドのラップを混ぜて、それを般若さんという陽の光にあてると……。

――天日干しならぬ、般若干しするんだ（笑）。

R カラカラのR-指定が生まれます（笑）。そうやっていろんな影響を与えてるんですよね、般若さんのイズムは。

——分かりやすい例えだったんではないでしょうか（笑）。

R　そのまま2ndの**『根こそぎ』**も聴いていくんですけど、そこで般若さんの「世間との距離感」とか「日本語ラップのシーンとの距離感」が、わりと普通の人に近いって感じたんですよね。

——妄走族のメンバーであったり、**Future Shock**の一員ではあったけど、基本的には一匹狼だし、それは昭和レコードを立ち上げてからはより強くなっていくよね。そしてそれによって「市井の感覚」を持ち続けられている感じもする。

R　『根こそぎ』とかでも『冬ソナ』に熱狂するおばちゃんをネタにしたり、ワイドショー見ながらディスってるみたいな感じのね。

——それとヤンキー性によって、東京のラッパーで、東京をレペゼンしながらも、あまり「フッド」とか「地縁」に支配されないし、それが日本全国で支持される理由でもあるのかな。

R　こんだけ危なっかしい、尖った人やのに、感覚は街のあんちゃんやし、良い意味で俗っぽいんですよね。〝国際Ver.〟2ヴァース目には〈チワ

『根こそぎ』

05年に発表された般若の2ndアルバム。

Future Shock

97年に設立されたヒップホップレーベル。Zeebraのソロデビューシングル〝真っ昼間〟を皮切りに、OZROSAURUSやWORD SWINGAZなど地方勢の作品のリリースも。コンピレーションアルバムに『SHOCK TO THE FUTURE』（99年）など。

ワがこっち見てる　どうする？　ほっとく〉っていうＣＭのパロディとか（笑）。そして『根こそぎ』で好きなのは、エロの部分ですよね。エロです。

——そこまでハッキリ言うと清々しいね（笑）。

R　ラップを知らない同級生にラップの魅力を伝えるためには、「売れまくってる」か「エロ」なんですよ。まずケツメイシを聴かせて興味を持たせた、じゃあ次のハードルは〝やっちゃった〟と〝花金ナイトフィーバー〟や、って。

——笑えるし、エロいしって（笑）。

R　そこで沼に引きずり込んでいったんですよね。でも続く**『内部告発』**では、〝オレ達の大和〟っていうすごくシリアスな曲が制作されて。映画**『男たちの大和／YAMATO』**の主題歌を、般若さんが尊敬する長渕剛さんが歌われたんですね。それで般若さんも、長渕さんから「この映画に関する曲を作ってみろ」って直々に伝えられて、制作に取り組んだという。ここで、今までふざけてたりディスってたりしてたシニカルな般若さんが、シリアスに日本の戦争の過去だったり、命に対して真正面からラップで切り込んだ。しかも、こういうテーマって取り扱いが難しいじゃないですか。でも、難しかったり、政治的な

『内部告発』

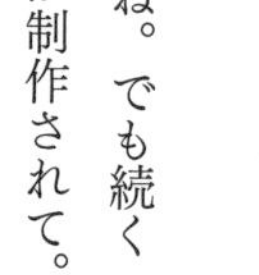

06年に発表された般若の3rdアルバム。

『男たちの大和／YAMATO』
05年公開の日本映画。辺見じゅんの『決定版 男たちの大和』を原作に佐藤純彌がメガホンを取った。長渕剛による主題歌は長渕剛〝CLOSE YOUR EYES〟、〝YAMATO〟。

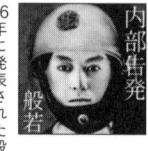

ことを超えて、田舎の中学生でも共感したり理解できるような真っ直ぐな言葉で書かれてて。これまでのアルバムで、尖った部分、不良の部分、エロい部分、っていろんな角度で聴いてきたけど、ここで般若さんのシリアスな部分、「熱い部分」を食らったので、完全にここで「尊敬」になったんですよね。それぐらいから、自分でもラップを書き始めるようになったんですよね。

――なるほど。

R　そして俺がバトルに出るようになった時期に出たのが**『ドクタートーキョー』**。これがリリースされた年に、般若さんは引退してたバトルに復帰して、**UMB**2008に出場して全国優勝するんですよ。俺はその年はエントリー漏れして、大阪予選にも出られなかったんですけど、その全国大会の決勝は最前列で見てて。そこで、俺は出場は出来なかったけど、もしかしたら対戦できてたかもしれない、っていう風に般若さんと俺の世界線が交わるんですよね。でも一方で、そのバトルを観て格が違うというか、「こんな人がおるところで俺はやろうとしているのか」って思い知らされたんですよね。

――接点というには薄くて細い糸だけど、まずは繋がったんだね。

『ドクタートーキョー』

08年に発表された般若の4thアルバム。

UMB

正式名称は「ULTIMATE MC BATTLE」。Libra Records主催のMCバトル。日本最大規模のバトルの大会として知られる。R-指定は12年、13年、14年の全国王者。

R　そして般若さんはUMB優勝の翌年に**『HANNYA』**っていうセルフタイトルのアルバムを出すんですけど、この時に俺は初めて、般若さんのライヴをちゃんと観に行ったんですね。リリースライヴやから『HANNYA』の曲が中心やったんですけど、その中で『おはよう日本』収録の〝タイムトライアル〟のイントロがかかった瞬間、嬉しすぎて俺だけ飛びあがってしまって（笑）。新し目のファンも多かったんで周りは普通に聴いてるんですけど、俺だけ盛り上がりまくって。でも、そこで般若さんと目が合って「お前分かってるやんけ！」ってその目が語りかけてくれたんですよね。それに対して俺も「もちろんですよ！　分かってるのは俺だけです！」って目で返したんですよね……完全に妄想ですけど（笑）。

――キモオタすぎるわ（笑）。目が合ったと思ってるのはRくんだけでしょ、それ。

R　そういう心が通じ合った瞬間があったんですよ、俺の中では（笑）。

――では実際に面識を持ったのは？

R　２０１４年の**「高校生ＲＡＰ選手権」**の時ですね。僕が審査員、般若さ

『HANNYA』

09年に発表された般若の5thアルバム。

「高校生ＲＡＰ選手権」

ＢＳスカパー!で放送されているバラエティー番組「ＢＡＺＯＯＫＡ!!!」内のコーナー。日本全国の高校生達がフリースタイルラップの頂点を決める。12年から開催され、歴代の優勝者にはT-PABLOW、裂固、9ｆｏｒなど。R-指定は第6回から審査員をつとめる。

んはライヴで出はって、その時にホンマに一言だけご挨拶させて頂いて。で、それと同時期に、般若さんがライヴにブッキングして下さったんですよ。

——**『般若万歳』**なRくんとしてはとしてはこれ以上ないオファーだよね。

R　ただ、それを当時の所属事務所が、俺に何も伝えずに勝手に断ってしまって。それで晋平太さん伝に「般若くんガッカリしてたよ」っていう話を聞いて、誤解とは言え、めっちゃ生意気みたいに思われたら辛いな、って負い目を感じてしまって。

——尊敬してる分、余計に気にしちゃうよね。

R　そうなんですよ。それでＤＪ松永とCreepy Nutsをはじめて、その事務所からも離れたタイミングで、般若さんからCreepy Nutsとしてオファーを頂いて。それが般若さんのアルバム**『#バースデー』**のリリースに伴って行われた、広島のチャイナタウンというクラブでのライヴ。２０１５年のことでした。

——誤解が生まれてたとしたら、ちゃんと解けるタイミングだね。

R　でも松永さんに「俺はそういう経緯があって般若さんに嫌われてるかも知れへんし、生意気やって出会い頭に一発ばこんってやられるかも知れん。

『般若万歳』

読み方は「ハンニャマンセー」。般若のバックＤＪを務めるDJ FUMIRATCHが、般若の客演作品をミックスしたＣＤ。第一弾が13年に、第二弾が18年にリリース。

『#バースデー』

14年に発表された般若の８thアルバム。

だけど殴られてもちゃんと謝ろう、『般若さん！　誤解です！』って殴られ続けながらも言い続けよう」って相談して。

——乱暴者すぎる！　般若をなんだと思ってるんだ（笑）。

R　もう想像だけですから（笑）。でも実際、俺はもうビビりまくってて、リハーサル終わりで挨拶したんですけど、いま謝るべきなのかどうか、ってめっちゃパニックになってたんですよ。そしたらオーガナイザーの人が僕らと般若さんをご飯に招待してくれて、それで外に出たら、僕らの目の前を女の人二人組がぱっと通り過ぎたんです。それを見た般若さんが、俺の横に来て「レズのカップルっていいよね」って。

——それこそ勝手な妄想だよ！（笑）

R　般若さん流の気遣いですよね。そこで俺も「俺めっちゃレズもの好きなんですよ」って、訳わからん返しをしちゃって（笑）。それをきっかけに打ち解けて、手違いの話も出来たし、俺らのライヴもすごい褒めてくれて。自分のライヴでも聖徳太子フリースタイルをネタにしてくれたり、こんなに嬉しいことあるんや、って。それでその年には『ダンジョン』でご一緒するこ

『BLACK RAIN』

11年に発表された般若の6thアルバム。

『コンサート』

13年に発表された般若の7thアルバム。

とになって。

――そこで関係性がより濃くなるというね。

R 話をヒストリーに戻すと、2011年にリリースされた『**BLACK RAIN**』に収録された〝何も出来ねえけど〟は、東日本大震災の直後にネットにアップされた復興支援の曲やったり、続く『**コンサート**』で『おはよう日本』以降はシンガー以外の客演を呼ばなかったのに、SHINGO★西成さんやZORNさん、田我流さん、**NORIKIYO**さんっていうラッパーの客演を迎える、そして『#バースデー』では客演に**KOHH**を迎えて〝家族〟っていう自分の出自にふれるような作品を作って……。その意味でも『BLACK RAIN』『コンサート』『#バースデー』の三部作は、より人間的な般若さんが前に出てきたと思うんですよね。

――確かに「生身の般若」という感覚がアルバムからも強く感じられるようになった。

R そして、その次の『グランドスラム』は、人間般若、ファイター般若、エロい般若、ディスる般若みたいな、これまでに形になってきた般若さんの

NORIKIYO
79年生まれのラッパー。相模原出身、ヒップホップクルーのSD JUNKSTAのリーダー。07年に1stソロアルバム『EXIT』を発表以来、以後コンスタントに作品をリリース。最新作に『平成エクスプレス』(19年)。

KOHH
90年生まれのラッパー。『YELLOW T△PE』と題するミックステープ・シリーズで注目を集め、14年に1stアルバム『MONOCHROME』をリリース。88risingのツアーに参加するなど、その活躍の現場は世界に移っている。

すべての側面が、一枚にパッケージされるんですよね。般若さんが影響を受けて来た、エミネムイズム、長渕さんイズム、ブルーハーツイズム、レゲエイズムとかも、全部ぶわって消化されてる。そしてその中には、妄走族時代のフリーキーで感情的な般若もある。〝我覇者なり〟は、般若さんのもともと持ってたスタイルが出てて、初期の般若さん戻ってきた！って思うと同時に、フリーキーさや感情を振り切るフロウが押し出されるいまのTRAP的なノリに一周してリンクした、つまりやっと時代が般若に追いついたと思ったんですよね。だから絶妙なタイミングで般若さんがやりたいラップと、時代の流れがばっちりハマったのが『グランドスラム』じゃないかなと。

——その分析は興味深いね。

R その後にその構造をよりシリアスに、生身の部分や戦う部分をより濃く加味した**『話半分』**が2018年にリリースされて。それをブースターにして、2019年1月16日に行われた武道館ソロ公演に、能動的に向かったと思うんですよね。

——般若の持つ総合力をこの2枚では強く提示しているよね。

『話半分』

18年に発表された般若の10thアルバム。

R　だから、俺としては『おはよう日本』から『内部告発』までは般若さんのソロアーティストとしての第一章、『ドクタートーキョー』『HANNYA』が般若さんがファイターになっていく過程、『BLACK RAIN』『コンサート』『#バースデー』の三部作が人間般若をより強く押し出して、それを総合した『グランドスラム』『話半分』、その先に武道館があったと思うんですね。

般若の6つの縦軸

――なるほど。では改めて表に目を移して、般若の作品論という部分で話を続けていければと思います。この表の縦軸はどういう意味合いなの？

（P146参照）。

R　僕の勝手な分析ですけど「曲のテーマと系譜」ですね。いちばん左の〝タイムトライアル〟～〝乱世〟の流れは、ファイター気質の、戦う人間としての、「ザ・般若」という流れですね。これは最後に話します。その隣の〝ちょっとまって〟～〝寝言〟に続く縦軸は、ストーリーテリングものの作品群。般若さんのストーリーテリングって、結構エグい話が多いし、**〝ちょっとまって〟**

〝ちょっとまって〟

風俗店に行った中年サラリーマンが、ソープ嬢として働く自分の娘と鉢合わせるストーリーなどをラップした曲。

を最初に聴いた時は中学生だったんで、やっぱり衝撃でしたよ。でもエグいだけじゃなくて、笑ってしまう内容になっているのも特徴だと思います。同じようにファースト収録の〝カメラ〟は、自分を監視カメラにしてストーリーテリングしていくんですよね。その意味でも、般若さんの想像力と情景描写力が、この〝カメラ〟では強烈に表れてると思います。

——同時にストリート性もここには現れてるよね。

R ヒップホップの重要な要素として「ストリート」があると思うんですけど、その「ストリート」を、ストリートと距離を置きながら俯瞰して表現する一番の正解の形が、〝カメラ〟だと思うんですよね。自分をカメラにすることによって、街を、「ストリート」を客観的に見る。だから、街のルポライターみたいな感触ですよね。だから、俺みたいなに普通の人生を送ってきたり、「ストリート」には根ざしていないラッパーでも、こういう形を取れば、「ストリート」を描けるんやなっていうのは、今になって思いますね。

——当時の渋谷の情景が浮かぶし、時代的にも街に監視カメラが増えた頃だから、全体的にタイムリーな内容でもあって。

R　そして般若さんのすごさは、物語にかまけて、韻をサボることはしないんですよね。だから気持ちよく言葉が入ってくる。その意味でも名曲だと思いますね。そしてストーリーテラーとしての才能が全開になって、ポップネスやキャッチーさとも結合したのが〝やっちゃった〟。失敗談みたいな「やっちゃった」話を、『世にも奇妙な物語』みたいにオムニバス形式で1ヴァースごとに四つ、主人公を全部変えて小話をしていくんですけど、この小話スタイルも発明だと思いますね。

――ここで般若を知った人も多いことも頷けるよね。いま聴いても完成度が高い。

R　そして〝やっちゃった〟のストーリーテラーぶりが、『ドクタートーキョー』では、俺の分析によると三つに分かれるんですよ。一つは〝カメラ〟みたいにストリートの物語をショートショートで細かく書いていく〝路上の唄〟。もう少し長いオムニバス形式で、上京してきてキャバクラで勤める女の子の心のさみしさを1ヴァース目で歌って、2ヴァース目では母子家庭のお母さんの彼氏が代る代わるさみしさを少年の目線から歌う

〝FLY〟。そして〝ホントのコト〟はオチの付け方が〝やっちゃった〟とかに通じるんですよね。最後のフレーズが〈同窓会でオレを見てるダチのガキがオレに似てる〉っていう（笑）。

——落語でいう考え落ちだよね。

R そういう風に分岐してって。そして『HANNYA』では〝カメラ〟の擬人化の正当な続編として**〝ケータイ〟**が生まれるんですよね。『グランドスラム』での〝寝言〟は、厳密にはストーリーテリングではないんだけど、テイストは〝やっちゃった〟とかにすごく近い。〈人の名前でなんかするやつ　人の名前でナンパするやつ　本当に最低だと思ってる　マジ中身のないただのカス　俺男だから本当にこれだけ　まじめにいわせてくれ　窪塚洋介ともKOHHとも友達だよ　こっちに来いよ　飲も〉。

——フリとオチがしっかり効いてる（笑）。

R しかもこの時点で「ダンジョン」をネタにしてて、ここも般若さんの客観性を感じますね。そして〝圏GUY〟〜〝素敵なTommorow〟は、般若さんのメロディアスな側面、歌心の部分ですね。それは長渕さんの影響

〝ケータイ〟
擬人化された携帯電話の視点から、その持ち主の私情や生活、機種変更の哀愁などをオムニバス形式でラップした曲。

もあると思うし、初期からその部分は作品に現れていて。でも、00年代の初中期の日本語ラップってメロディ禁止、サビ禁止だったじゃないですか。

――歌サビ、歌フロウはあまり評価されなかったし、それをやると「J-POPに寄った」と非難されたり。

R そういう謎の法律が幅をきかせてたんです。でも般若さんは初期からメロディを使ってたし、〝圏GUY〟はその第一歩だったと思いますね。且つ、この洋楽でもなければJ-POPでもない、バリバリ日本人節のメロディ感や歌い方は、長渕さんからの影響を般若さん流に消化して形になったんじゃないかな、と思います。個人的には『内部告発』に入ってる〝猿〟って曲が大好きなんですけど、もう一人この曲が大好きなラッパーが、**輪入道**さんなんですよ。俺は輪入道さんとプライベートでカラオケに3回くらい行ったんですけど（笑）、3回とも〝猿〟を輪入道さんが歌うんですよね。「ダンジョン」の打ち上げで般若さんたちみんなとカラオケ行った時も、輪入さんが言う前に俺が〝猿〟入れて、流れたら輪入さんにマイク渡して。もう輪入さんの持ち歌なんで（笑）。

輪入道
90年生まれのラッパー。07年頃から千葉を拠点に活動開始。「B BOY PARK 2014」優勝をはじめ、各地のMCバトルにエントリーし、「6大会連覇」を成し遂げる。「フリースタイルダンジョン」では2代目モンスターとして活躍。最新作に『HAPPY BIRTHDAY』（19年）。

――どう考えても般若くんの持ち歌でしょ(笑)。

R　〝猿〟の良さっていうのは、ブルースとかフォークみたいみたいな感性を、ヒップホップのサビに持ってきたことだと思うし、それは革新的だったと思いますね。そういう風に、長渕さんテイストを感じる曲は各アルバムに一曲はあって、『グランドスラム』での〝ビビりながら〟もその系譜にあるし、メロディー、内容共にマジで最高です。メロディの気持ちよさも含めて、般若さんが歌い手としてさらなる高みに上ったと思いますね。しかもすごいのは、このメロディの部分を、ライヴでは被せなしで一本でやっちゃうんですよ。般若さんはラップの部分も一本、サビの部分も一本で歌い上げる。それによって、生で聴くとより般若さんの歌の味がグッとくるんですよね。

――普通は薄くコーラスをバックトラックに乗せて、聴きやすくしたり、演者も音を取りやすくするけど、般若くんはとにかくライヴで一本で貫くよね。それが染みる。

R　染みる。本当にそういう歌い方ですよね。『話半分』の〝素敵なＴｏｍｏｒｏｗ〟は、般若さんが虐められていたっていう経験を基に歌っている、ラッパーとしてのボースティングとかとはかけ離れた内容なんですけど、隅っこで生きてきたような人間にも「俺もそうだった、大丈夫だ」って寄り添うような内容やし、一見強者な般若さんが言うからこそ響く。それは長渕さんイズムからの流れもあるのかなって。

――〝ソレならイイ〟～〝君が居ない〟の縦軸は？

R　これは、般若さんのラブソングですね。ラブソングも般若さんは初期から歌ってたけど、「ヤリまくるで！」「もうモテまくってしゃーない！」みたいな、日本語ラップに多かったテーマじゃなくて、フラれた男の未練たらしいラブソングも歌ってて。それがアルバムを重ねて、奥さんであるシンガーSAYさんとの〝#バースデー〟で、ラブソングの最大の形として〝家族〟に辿り着くっていうのはすごく感動的ですね。その隣の〝絶〟から始まる縦軸がエロ、めちゃくちゃ下品な曲（笑）。〝絶〟は聴いて欲しいですね。ただ歌詞が残念ながらアルバムにも載ってないんですよ。酷い歌詞すぎて自分でも載せなかったのかな……（笑）。

――ポリコレとしては完全アウトな曲群だよね。そして、その最後にRくんが参加した〝たちがわるい〟が来るというのが、因果を感じますね。

R　般若さんから『グランドスラム』の時に電話が来て、「ちょっとアルバムに参加して欲しい。客演は……お前だけだ」って言われて、もうこっちは大興奮ですよね。

――KOHHに続く曲が来るのか、と。

R　KOHHは一歳上で同世代なんで、もう……正直ライバル視してますよ！　それでKOHH以上の仕事をするぞ！　って腕まくりしてたら、般若さんから届いた歌詞が〈ここ2年で俺は勃ちが悪い〉。

（観客　笑）

R　「なんでやねん！」っていうのと、でも自分の人間性とか、受けてきた影響的にはやっぱこっちやしな、って（笑）。

――DNAを見透かされたんだ（笑）。

R　餓鬼レンジャーもそうですけど、この方が輝くのも先輩も分かってくれてたし、正直こっちのほうが俺も楽しい（笑）。そこからはお互いどんだけ最低な歌詞を書けるか合戦ですよね。それで出来た曲です（笑）。

――感動的ですらあるね（笑）。やっぱり気合入った？

R 気合入りましたよ。イズムでぶつかるためにも、風俗に興味がない般若さんと、「いや風俗良いんスよ」っていう派の俺とを対比させて。

――**スタイルウォーズ**なのか、それは（笑）。

R もしかしたら『ダンジョン』のバトル以前に、俺と般若さんが本質的にぶつかったところかも分からない（笑）。

――ハッハッハ！

R この客演が一番素晴らしい形で結実したのが、Creepy Nuts**「生業」**ツアーの北海道公演。対バン相手として般若さんを招いた時に、アンコールで般若さんがラッパーの女癖の悪さとかを非難して、そういう良くない、ファンに手を出すようなラッパーは人間のクズだみたいなことめっちゃシリアスに話したんですよね。それに俺も頷いて。そして最後に、「そんな俺たちからのメッセージです、〝たちがわるい〟」（笑）。そういう般若さんの悪ふざけ全開の曲があって。それの最大の進化やと思うのが、〝虎の話（あわよくば 隙あらば 俺だけが）〟。『話半分』が出来た時に、般若さんが「アルバムが出来た。

スタイルウォーズ
オリジナリティや基本姿勢、イズムといった「スタイル」をぶつけ合うというヒップホップの概念。ヒップホップ黎明期のグラフィティをテーマにした映画『Style Wars』（83年）から広まった。

「生業」
19年に開催されたCreepy Nutsの対バンツアー。餓鬼レンジャー、般若、SHINGO★西成、Zeebraらと全国各地で共演した。

一番お前に聴いて欲しい曲がある」ってこの曲を聴かせてくれて。

――見透かされてるね（笑）。

R 速攻で「素晴らしい曲です！ この歌詞のココは〜」って長文の感想メール送って（笑）。そして、右端の〝神輿〟から始まる縦軸は、シーンと自分の距離感だったり、シーンに対する感情ですね。般若さんの特徴として思うのは、ディスの中に愛があると思うんですよね。やっぱりホンマにどうでもいいと思ってたら無視するじゃないですか。だから、クレバさんのことも絶対好きやし、Kダブさんやライムスター、というか噛み付いた人に対して全員愛があると思うんです。それは『HANNYA』の〝最低ッのMC〟の、〈心じゃしてるぜＢｉｇ ｕｐ〉っていうラップに繋がるだろうし。この曲では、自分を卑下してるような部分もあるんですが、〝神輿〟で自分が書いたラインを引用して〈ギドラ ブッダ 雷 ペイジャー オレが狂ったのは奴らのせいさ M.O.S.A.D.「If I...」オジロ「Hey Girl」〉ってレジェンドや仲間達のクラシックを並べることで、最低のＭＣ、イコール最高のＭＣという逆説を成り立たせてると思うんですね。そうやって言えるのは、シーンとの距離感とリスペクトがあるからだと思うんです。

——シーンと断絶はしないし、シーンからもリスペクトを受けてるけど、そこでベッタリと結合はしないよね。

R　全員とお手々繋いでって認識ではないんですよね。正直「ダンジョン」でも、番組側から無理な要求もあるんですよ。そこでやっぱり盾になってくれたのは般若さん。その意味でも、支配層の目線じゃなくて、動かされる側の目線に立って、「それはどうなんだ」って言うのが般若さんだし、その目線はずっとあり続けますよね。般若さんの戦う姿勢というか、一番生々しいなと思う般若さんの曲群がこれですね。

生身で戦う姿勢

——そして、最後に改めて、戦う人間としての「ザ・般若」という流れである〝タイムトライアル〟からの縦軸の解説をお願いします。

R　さっき話したように、〝タイムトライアル〟が大好きで、ベストアルバム『THE BEST ALBUM』の一曲目が〝タイムトライアル〟だったときも「ほ

『THE BEST ALBUM』

18年に発表された般若のベストアルバム。

らな!」みたいな（笑）。でも実際、般若さんのイズムが詰まってる曲だと思うんですよね。〈明日の為に眠りを取ったら 夢を諦めた只のバカだ〉っていう言い回しもすごく般若さんっぽい。〈上の階のアホは今日もうるせー オリャ出るぜ こんな木造くずれ〉っていう歌詞も、この時代では珍しかったと思うんですよ。

――同世代で言ったら、トコナが**デフ・ジャム・ジャパン**と契約して**ハマー**買ったみたいに、「いかにラージか」がテーマになってきた時代だから、この「しみったれた」感じは珍しかった。

R そうそう。一応ソロでもメジャー進出だったのに、一発目のアルバムで燻ってるところを書くことに、般若さんの気概を感じますよね。自伝でも、当時トコナさんやMACCHOさんがデカい契約を結んでる中で、レーベル的には自分は恐らく三番目四番目に欲しいような若手だったんやろうなみたいな回想をしてました。だからこそ、「今に見てろ」と思いながら毎日毎日、ハングリーに曲を作ってたって。このサビの〈1秒前 2秒先 その中間 イヤ、瞬間の味〉。これこそ般若さんが常に大事にしている「いま」を象徴してますよね。そして〈昔

デフ・ジャム・ジャパン
ヒップホップとR&Bを中心とした米国の名門レーベルDef Jam Recordingsの日本支社として00年に設立。現在はAK-69、SWAY、I-O、防弾少年団などが所属する。

ハマー
軍用車をベースに民生化された大型SUV乗用車。

のハナシが多くなった時 ピースサインよりも立てるゼ中指〉〈周りなんざ無え眼中、「またネ、来週」よりか笑ってFuck you〉……このラップは般若さんのパーソナリティをすごく表してる。笑ってファッキューというツンデレ感。2ヴァース目の〈「後が無いんじゃ」と仰った文太の気持ちに万々歳〉にも、般若さんのヤンキーイズムを感じるし、3ヴァース目の〈立てた中指 1本でOne love人はオレをこう呼ぶ般若〉……この言い回しですよ！

――熱いね。

R 般若さんにとっては立てた中指は愛なんですよ。そして、この曲と〝サイン〟〝理由〟が、3部作になってると思うんですが、そういった般若さんのイズムが結晶になったのが、〝あの頃じゃねえ〟だと思うんですよ。最初にこの曲を聴かせて貰った時は、ホンマに素晴らしすぎて泣きましたね。色んなラッパーの名前を出すのも、ディスじゃなくてリスペクトとして、戦友としてなんすよ。〈あの頃じゃねぇ一番強いのは今だぜ〉ってリリックは、〈昔のハナシが多くなった時 ピースサインよりも立てるゼ中指〉って自分の言葉への返歌だと思うし、「いま」を大事にする般若さんならでは。その意味でも、この曲ですべてを回収したな、とてつもない曲を作ったと思ったし、この曲が武道館のワンマンで鳴り響いた時は、ホンマに感動しましたね。

――ライヴのエンディングがこの曲だったよね。

R この曲の時は、全員袖にいましたね、シンゴさん、t-Aceさん、NORIKIYOさん、ZORNさん……挙げたらキリがないんですけど、出演者、関係者全員が見てる中で、40曲をほぼ一人でやりきったライヴのエンディングで、この曲のイントロが流れた瞬間は、もう泣いてまう……って。それで涙をこらえてたら、ボロボロ泣きながら**CHICO CARLITO**が「R～ヤバイよ～」って近づいてきて（笑）。それでお互いに肩抱きながらボロボロ泣くっていう（笑）。そして満を持して〈感謝　般若〉……泣くでしょこれ！

――分かる！

R すべてのストーリーをまとめ上げて、最後にこのフレーズが来るドラマティックさ。そりゃ泣きますよ！　ほんとにすごい曲だと思いますね。

――このフレーズは**「ダンジョン」のバトル**でも使ったけど、やはり万感の思いがあった？

CHICO CARLITO
93年生まれのラッパー。那覇市出身。15年にULTIMATE MC BATTLEで優勝するなど、MCバトルの実力者として知られ、「フリースタイルダンジョン」の初代モンスターもつとめた。ソロアルバムに『Carlito's Way』（16年）。

「ダンジョン」のバトル
19年5月7日に放送された、初代ラスボスを引退する般若と2代目に就任するR-指定のバトル。

R　そうですね。ホンマに言いたかったことと、サンプリングするフレーズの全てが重なったというか。でも、その前に〈般若最低〉っていうフレーズもサンプリングしてるんですけど、それは『根こそぎ』の〝Ｓｋｉｔ〟からなんですよね。あのスキット後の〝花金ナイトフィーバー〟はホンマに最低の内容なんですけど、それにもリスペクトを込めて（笑）。

――あのバトルをいま振り返るとどんな思いがあるの？

R　あの時はホンマに緊張してて。実際噛んだし、ラップも上手いこと出来へんかったんですけど、それで良かったかもな、ってなんとなく思いますね。般若さんは、やっぱり色んなことを想定して向き合う相手じゃない。むしろ生身でぶつからなアカン相手やったなと思うし、あのボロボロの状態で、丸裸の状態でぶつかっていったし、般若さんもその気持ちで向かい合ってくれたのは、感慨深かったですね。２００８年にエントリー漏れして、最前列で観てたあの人と遂に戦えたという思いもあるし、ずっと聴いてきた人とタイマンで向き合うっていう……間違いなく死ぬ間際の走馬灯の一つにあの日は出てくるっすね（笑）。

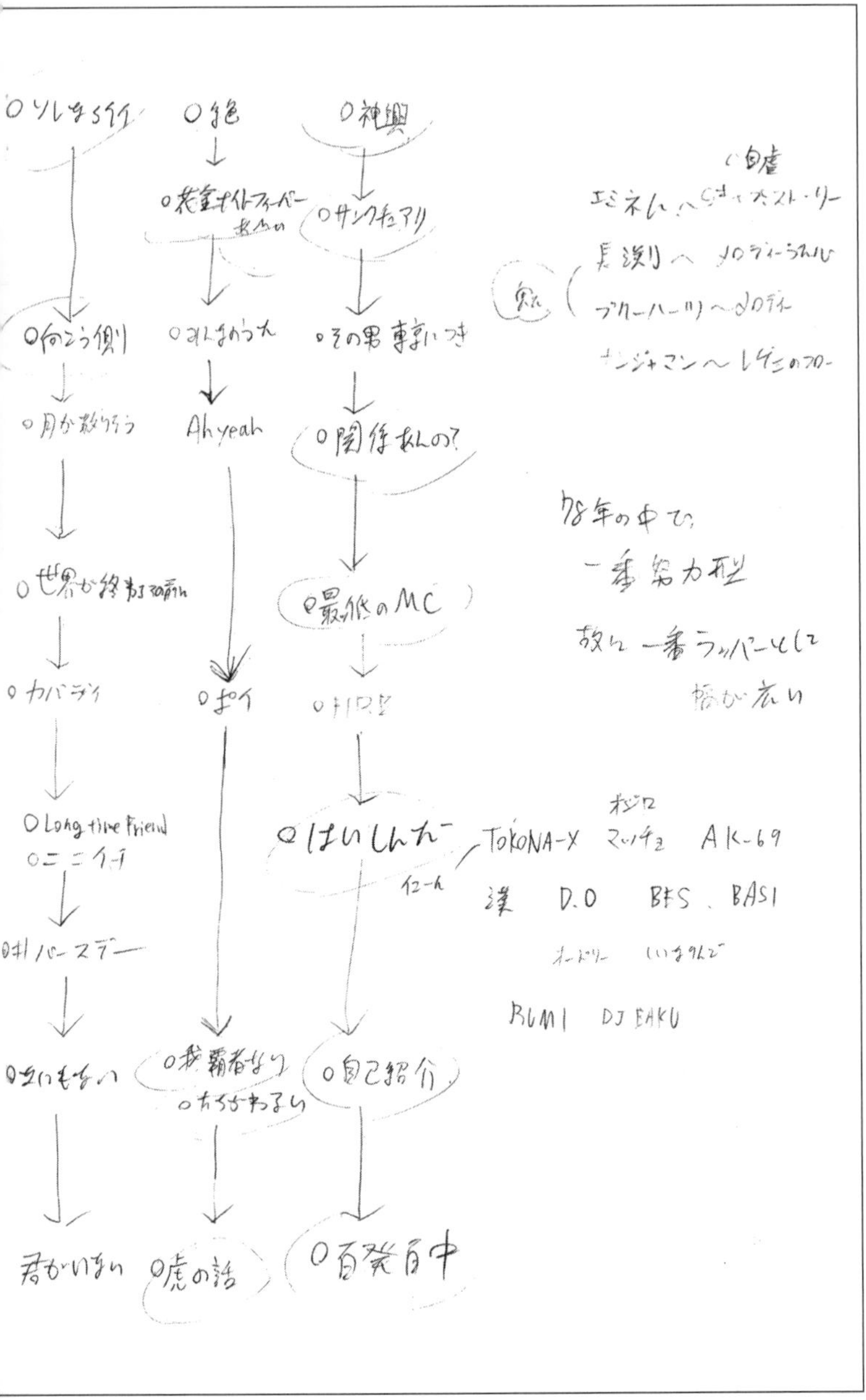

Rの般若分析ノート

右端には、般若の影響源（アーティスト4組）とそれぞれから受け継いだメロディーやフロウなどの要素をR-指定が分析したメモ（右上）と、1978年生まれのラッパー・著名人の名前（右下）がメモされている。矢印で結ばれた縦軸は、左端が般若のアルバム作品（年代順）。その他は楽曲を「6つの系譜」に分類し、時系列順に並べている。

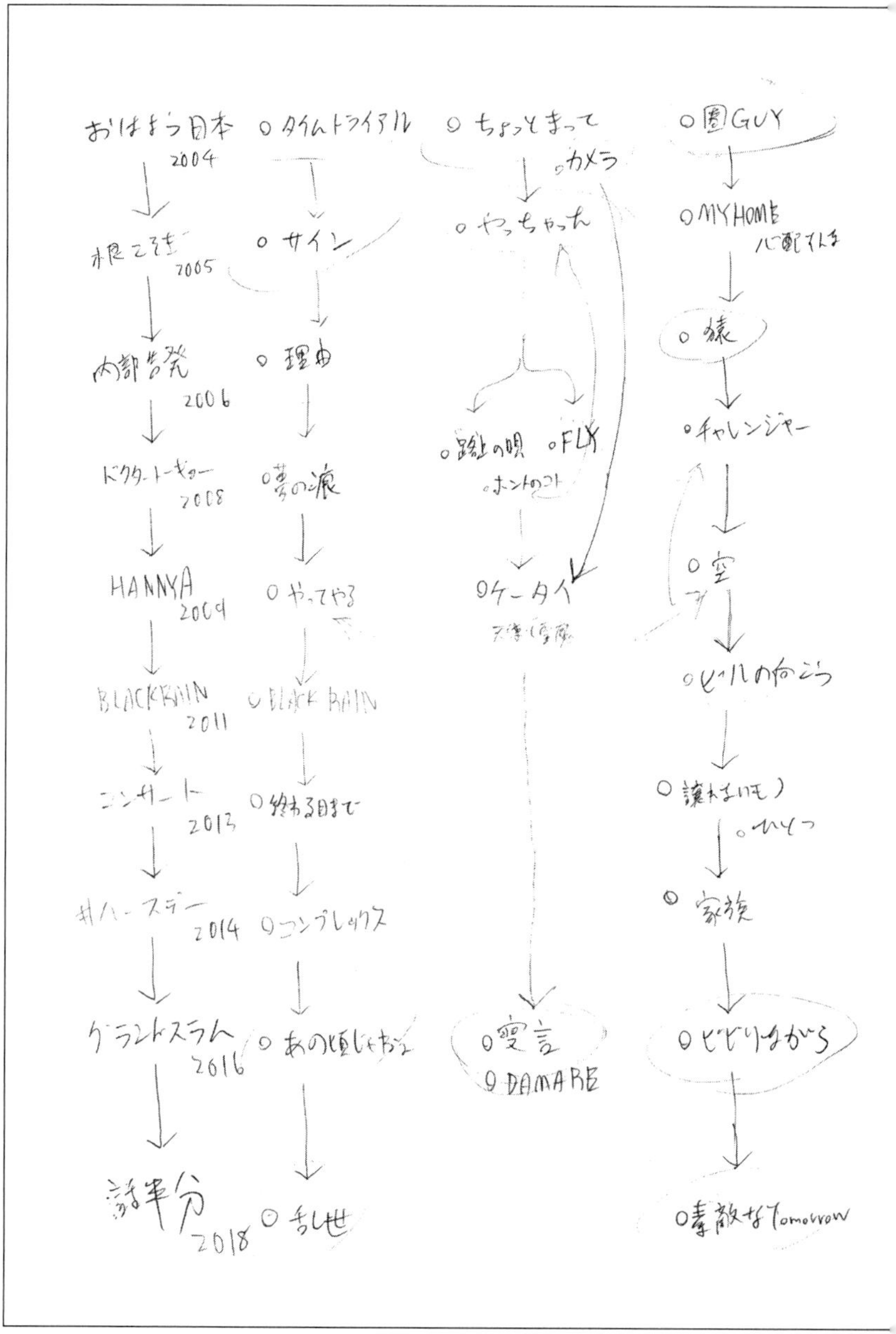
おはよう日本
2004
根こそぎ
2005
内部告発
2006
2008
HANNYA
2009
BLACK RAIN
2011
コンサート
2013
2014
グランドスラム
2016
2018
タイムトライアル
サイン
理由
夢の涙
やってやる
BLACK RAIN
終わる日まで
コンプレックス
乱世
ちょっとまって
カメラ
やっちゃった
路上の唄
FLY
ホントのコト
ケータイ
宣言
DAMARE
GUY
MYHOME
心配すんな
猿
チャレンジャー
空
ビルの向こう
ひとつ
家族
ビビりながら
素敵なTomorrow

第5章

THA BLUE HERBの旅路

PROFILE

THA BLUE HERB

97年に結成された、北海道札幌市を拠点にするヒップホップグループ。メンバーはILL-BOSSTINO（MC）、O.N.O（トラックメーカー）、DJ DYE（ライヴDJ）の３人組。99年に1stアルバムを『STILLING,STILL DREAMING』をリリース。以降も北海道を地場に活動を続け、『Sell Our Soul』（02年）、『LIFE STORY』（07年）などのアルバムを発表。17年には日比谷野音で20周年ライヴを敢行した。19年には2枚組のアルバム『THA BLUE HERB』を発表。

無数の韻が襲ってくる

――今回はTHA BLUE HERB（以下TBH）特集ということで、TBHにスポットを当てて、Rくんにお話を伺いたいんですが、先日はスペースシャワーTV「Black File」でも、Rくんが聞き手でILL-BOSSTINO（以下BOSS）さんにインタビューをしてたよね。

R 放送は15分ぐらいの尺でしたけど、本当は1時間半ぐらい、すごい濃密に話させて貰って。

――R-指定のILL-BOSSTINO好きが溢れまくってる映像でしたね。

R 目を見れてなかったですね、BOSSさんの。見つめられるとやっぱちょっと……緊張しちゃって。

――乙女か（笑）。

R BOSSさんと喋ると背筋が伸びるんですよね。そんぐらいラッパーとして真っ当な、筋の通った、しっかりした人やから、俺もちゃんとせな、みたいな。その感情があのインタビューでは出すぎてしまって（笑）。

「Black File」
スペースシャワーTV内で06年から放送中のブラックミュージック専門の音楽番組。19年7月10日の「INTERVIEW FILE」のコーナーでR-指定がILL-BOSSTINOにインタビューを行う模様が放送された。

——それだけ尊敬する存在であると。

R　そうですね。梅田サイファーにもTBH好きが多いし、特に**ふぁんく**さんとKZさんがむちゃくちゃTBH好きなんですよ。ただ、好きなところが全員微妙に違うんで、「今日、TBHのこと喋るんですよ」って言わずにやってます（笑）。

——バレないように（笑）。

R　このトークが聞かれたら「どこどこ喋ってないやん！」「その解釈は違う！」「あそこの分析が足りない！」みたいに、つかみ合いの喧嘩なりかねない（笑）。TBH好きのあるあるとして、TBH大好きな男がTBHを彼女に聴かせる、それで「このリリックが」「ここの考え方が」「この展開が」って話すんですけど、大体彼女の方は「この人（BOSS）、なんでこんな怒ってんの？」ってなりがちという。これ、KZさんの実体験です（笑）。

——いない人の実体験をバラすんじゃないよ（笑）。

R　KZさん、車で**『Sell Our Soul』**を流してたら、ずっと黙って聴いてた当時の彼女がアルバム聴き終わった後に、「なんでこんな怒ってんの？」っ

ふぁんく
90年生まれのラッパー。梅田サイファーの一員。「ULTIMATE MC BATTLE2017」準優勝。最新作は『Laugh』（19年）。

『Sell Our Soul』
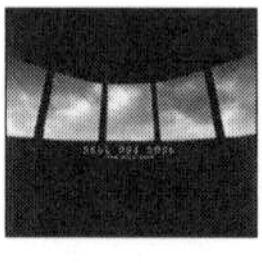
02年に発表されたTHA BLUE HERBの2ndアルバム。

『PHASE 3』

07年に発表されたTHA BLUE HERBの5thシングル。

て（笑）。彼氏熱弁、彼女ぽかんみたいな悲劇が起こりがちです。

――男女や、熱弁する内容を置き換えても起こりがちなコミュニケーション事故だけど、ことTBHだとそうなる傾向が強いし、それだけ熱心な、思い入れのあるリスナーが多いよね。

R それぐらい、TBH好き、BOSSさん好きの人は、俺も含めて一家言持ってますね。

――ではいつもの流れで、TBHとRくんの出会いから話を進めましょう。

R 俺の世代的に言うと、直撃なのはシングル『PHASE 3』やアルバム『LIFE STORY』なんですけど、ちゃんと1枚目から聴こうと思って、地元のツタヤに行ったんですよね。

――スポンサーなのかってぐらい、毎回ツタヤの名前が出るな（笑）。

R もちろん昔借りたCDは大人になってから改めてちゃんと買いましたよ（笑）。そこで1stの『STILLING,STILL DREAMING』から聴き始めたんですけど、それは再発仕様だったんで、それまでのシングルも収録された2枚組で。でも、正直最初にTBH聴いた時は、どうラップが上手いのか分から

『LIFE STORY』

07年に発表されたTHA BLUE HERBの3rdアルバム。

『STILLING,STILL DREAMING』

99年に発表されたTHA BLUE HERBの1stアルバム。

なかったんですよね。それこそ、KZさんの彼女やないけど、「とりあえず怒ってはるな……」と（笑）。

――この人はおこりんぼだと（笑）。

R その頃はジブさんやライムスター、般若さんみたいに、小節のケツで韻を踏みながら展開していくラップを主に聴いてたんで、BOSSさんみたいな語り口調に近い、畳み掛ける言葉の中に無数に韻が散りばめられているスタイルのラップが、最初は理解できなかったんですよね。

――構造的に非常に複雑だもんね。

R それが子供にはやっぱり分からんくて。でも歳を重ねて、自分もキャリアを重ねて、いま改めて、めちゃめちゃラップが上手いってことを思い知らされますね。例えば、一曲目の〝THIS '98〟なんですけど、〈この地球上さらにかるく時空をまたぐイリュージョンばりのランナーが皿の持久走をはじめたんだ〉って、「地球上」「時空を」「イリュージョン」「持久走」って踏んでいくんですけど、普通はこれの部分を体言止めして、小節のケツに持っていくんですよね。

――それが韻の強調にもなるよね。

R だけど韻で締めないで、文章の中に韻を四発も忍ばせる。だから、最初に聴いた時は「どこで韻踏んでるんや……」って、ぱっとは分からなかったんですよ。

――俺が聴いたのはリリースされてから半年ぐらいあとで、多分19歳だったんだけど、確かに理解するのにすごく時間が掛かった。しかもいろんな韻のお手本や、ラップの情報も今よりも全然少なかったから、理解の手がかりも少なくて。

R 韻の置く場所もかなり計算されてるんですよね。〈残酷なまでに手を緩めないのが悪いクセと言われるTHA BLUE HERBがここにいるぜ　フルセットにすら持ち込めはしない〉は、「クセ」「いるぜ」「フルセット」が、聴いて気持ちいい場所に配置されてる。言い方もいちいち格好いいし、ラッパーとしての力量がこの時点でとんでもない。内容的にも〈平岸からドロップするクラシック　次に北で暮らしてる奴ら全てのものだ〉〈独特のムードが徐々に南下する　すぐ後で列島の興味が北上するだろう〉って、東京が中心だったシーンに対して、それを仮想敵として宣戦布告しつつ、まさにその通りにしてしまったという。

――いまや地方の情報でもネットですぐに分かるけど、当時はそういった手段は未発達だったし、地方の情報は本当に入って来づらかった。TBHもリリースしてすぐに大きな話題になったグループじゃなかったんだよね。それこそ〝知恵の輪〟をDJ KRUSHさんがDJでプレイしたり、「BLAST」で**古川耕**さんが特集記事を書いたりして、そこで徐々に広がっていったっていう感触がある。

R　それも驚きですよね。〝ONCE UPON A LAIF IN SAPPORO〟もかなり大好きなんですけど、この曲は内容としては内省的といえば内省的なんですけど、当時の内省的なラップって言ったら、ライムスターとか**キミドリ**みたいな自分の自意識を内省的に描く部分が強かったと思うんですね。でも、この曲はそれとは感触が全く違うんですよね。

――ラッパーとしての、ラッパーマインドでの内省なんだよね。

R　そうそう。いうたら、ラッパーとして曲を売って、勝ち上がって、王者になるという意思を内省的に歌ってる。だから、闘おうとしてる人へのメッ

古川耕
73年生まれのライター、脚本家。「BLAST」ではライターとして様々なインタビューや企画を提示した。構成作家としてTBSラジオ『ライムスター宇多丸のウィークエンド・シャッフル』や『アフター6ジャンクション』などを担当。

キミドリ
91年に結成されたクボタタケシ、KURO-OVI、DJ MAKOTOによるヒップホップグループ。日本語ラップ黎明期から活動し、「CHECK YOUR MIKE」「LBまつり」に参加。代表作には『キミドリ』(93年)。

セージでもあるんですよね。ラップのスキル的にもエグくて〈難攻不落、梁山泊、SAPPORO、2番街の東外れにたまるスカーフェイス　DEEP SPACE 身を浸し競うカーチェイス 学んだ機先を制すものが勝者だと〉。ここだと「スカーフェイス」「DEEP SPACE」「カーチェイス」「機先を制す」とか踏みまくってるんですよね。でも、それを踏んでまっせって感じで踏まないで、自然と踏み落とすぐらいのテンションでライムし続ける。そして〈数多く見過ごして来たチェッカーフラッグ　揺らぐことない基礎に何年も費やす　スランプ口にするクラブラッパーとは違う〉。これがBOSSさんの根底にあるテーマだと思うんですよ。BOSSさんは、ラッパーの中でいちばん真面目に、いわゆる「ラッパー然とした活動」を大切にしてると思うんですよね。

——というと？

R　アルバム作って、ライヴやってってっていう、アーティスト活動以外は、特別なことをしないっていう。それだけでこれだけキャリアを更新し続けるっていうのは、本当に凄まじいことだと思いますね。そして〈神がいやそれに限らず取り囲む全てがここに取引を持ちかけてくる 月曜の夜いつものターミ

ナル　血と汗と涙　引き換えはいつものスタミナ　悟る知恵はやがて鎖帷子　知らぬ間に深く打ち込んだ青の楔は　決してバリア　ワクチンも通じないマラリア キャリアを口にする前に技を学びな〉って「A・I・A」のライミングの畳み掛けはもう圧巻ですよね。実際、〈キャリアを口にする前に技を学びな〉っていうフレーズは、俺もバトルでオチに使わせて頂きました（笑）。

——それぐらい染み込んでると。

R　聴き込んでますからね、とにかく。TBHを聴くときは、まず独りになって、部屋を閉め切って、CDをセットして、歌詞カード開いて、正座して聴く（笑）。それぐらいの姿勢で向き合わないと、理解するのが難しいんですよね。韻だけで考えても、ランダムに、あらゆる場所にあって、それが無数の塊になって脳内を襲ってくる感じが、BOSSさんのライミングの特徴なんですよ。そして内容も一筋縄でいかないし、言い回しもテクニカル。だから韻だけを追っかけてもアカンし、言葉だけを追っかけてもアカンし、リリックの言い回しだけ、内容だけを追っかけても、全然追いつかない。そして気づいたら曲が終わってるくらい、情報量がすごい。だから本当に体力が必要だし、「向き合う」っていう意識じゃないと聴けないんですよ。

——何かをしながら聴くってことには向かないよね。

R TBHは4〜5年に1枚、フルアルバム出すっていうペースで動いてるんですけど、これはいまの時代のペースだと大分スパンが長いんですよね。でも、それだけ時間が掛かる内容と情報量と構成やし、聴く側もそれぐらいの期間を掛けて、一枚のアルバムを消化すると思うんですよね。

——それだけ耐久性が高い作品だよね。

R そうなんです。このアルバムに収録されてる〝あの夜だけが〟は、バック・イン・ザ・デイものなんですけど、〈ライムからピンとくるのはコトバではなく1本のコロナだった頃〉というラインの洒落っぷりも最高ですよね。クラブにはいるけど、まだラッパーではなかった、だからライムで韻じゃなく酒を想像してしまう。というのを「RHYME」と「LIME」を掛けて粋に落とす。ひと言で済ませられることを、いかに遠回りして、洒落た言い回しにして、響かせるかというのが、BOSSさんの特徴やなって思いますね。

――それがその人の表現力であり、オリジナリティということだよね。

R　ラッパーになる時期や、ラッパー以前を表す時に、般若さんは**〝神輿〟**で〈無名のガキが見てた夢 韻がどーこーは意味不明〉って表現したけど、BOSSさんはこう表現する。だから、同じテーマでもこれだけ表現が変わるのか、っていうのはラップの、ラッパーの面白さを感じますよね。あと、BOSSさんを批判したい人が、よくBOSSさんはフロウがないとか、リズム感がないって的はずれなことを言うんですが、むちゃくちゃありますから。ないと出来ないですからね、このラップは。

――いわゆるメロディアスなものだったり、抑揚の強いものがフロウと思われがちだけど、そうではないからね。

R　「言葉のメロディ」「言葉のリズム」を使ってるんですよね。**〝BOSSIZM〟**で〈一つとて同じ顔持たぬメロディ〉って言ってるんですけど、BOSSさんは言葉ひとつひとつにメロディとリズムがあるんですよね。だから、喋り言葉の中にメロディとフロウを見い出せる人じゃないと、BOSSさんのラップにフロウがあるってなかなか気づきにくい。本当はむちゃくちゃフロ

〝神輿～Original～〟
『おはよう日本』に収録。

〝BOSSIZM〟
『STILLING,STILL DREAMING』に収録。

ウ巧者であり、むちゃくちゃリズム感が長けてる人ではあると俺は思います。

――話芸的な凄味だよね。言葉の連綿と言葉自体にフロウがあって、それが人を惹きつけるという。

R そうなんです。だからTBHの作品は、やっぱり話芸を聴いているという感じがデカいし、しゃべり自体にそもそもエグいぐらいリズム感がある。TBHのライヴのMCも最早ヴァースじゃないですか。喋りであれだけフロウしてるっていう。

――インタビューしててもそれは感じるよね。喋りがラップのスタイルそのまんま。

R そうなんですよ！　喋っててもラップのまんま。だから喋りのメロディ、喋りのリズム感が、とにかく卓越した人やなっていうのは思いますね。この1枚目に影響受けた人はラッパーでも多いと思うんです。例えばZORNさんがZONE THE DARKNESS時代に出した**『心象スケッチ』**にも電車の音が入ってるんですけど、それはこのアルバムへのオマージュだと思います。あと俺が高校生の時に大阪、神戸でもBOSSさんの影響受けまくってる人

『心象スケッチ』
09年に発表されたZONE THE DARKNESSの1stアルバム。

多かったんですよ。４人組のラップグループで、４人ともＢＯＳＳとか。

――過剰！（笑）。

R ３人が低い声でＢＯＳＳさんみたいなフロウでＢＯＳＳさんみたいなこと言うんで、「最後の一人……頼むで！」と祈るように観てたら、最後は声の高いＢＯＳＳさん。

――ずっこけるな〜（笑）。

R それでマイクリレーですから（笑）。いちばん衝撃やったＢＯＳＳフォロワーが、見た目もＢＯＳＳさん、曲もＢＯＳＳさん、ＭＣもＢＯＳＳさんなんですよ。

――憑依型だ（笑）。

R もうマル乗りで。そしてそのＭＣのトークでもＢＯＳＳさんに言及して、「ＢＯＳＳにカマシてやった」って話をしてて、「いま、俺は何を見せられてるんやろう」って（笑）。

――ＢＯＳＳ演芸だね、それじゃ。それは本気なんでしょ？ **MIC大将**みたいに、モノマネしてＢＯＳＳさんから普通に怒られるタイプのネタじゃなくて。

MIC大将
サ上とロ吉やSTERUSSらが所属するクルー：ZZ PRODUCTIONのメンバー。サ上と共にユニット：七夕野郎も結成。

R　いや、もう全然本気です（笑）。それぐらい影響が強かったということですよね。で、ＴＢＨのアルバムからは離れるんですけど、とにかくＢＯＳＳさんのラップスキルと韻が極限に極まってる曲があって、それが**Audio Active**の**〝スクリュードライマー〟**。日本語ラップシーンを見回しても、ここまで完成度の高いライムの連打はいまだになかなか無い、詳細に分析してると1時間も2時間も掛かる曲なんですよね。時間も無いので頭の解説だけしますと、〈ライムを追え、オレの後に登れ、けむりの手の平の中で踊れ　ここでボードレール並みに戻れぬ路上で生まれた文学をのぞけ　フロアーで聴ける音で光合成、シルバームーン、ブラックゴールドオブサン　ものすげーどろくせーそのうえ荒唐無稽なユーモアでフェイクを脅すぜ〉……巧すぎる！　踏みすぎてます。基本「Ｏ・Ｏ・Ｅ」っていう韻で進むんですけど、そのバリエーションがどんどん増えていって「ボードレール」の「戻れぬ」「Ｏ・Ｏ・Ｅ・Ｕ」、「光合成」の「荒唐無稽」「Ｏ・Ｕ・Ｏ・Ｕ・Ｅ・Ｉ」の間に「路上で、ものすげー、どろくせー、そのうえ」「Ｏ・Ｏ・Ｕ・Ｅ」の韻が挟まる……ホンマにライムがスクリューしてるんですよ。

Audio Active
87年結成の日本のダブ・レゲエ・バンド。英国のグラストンベリー・フェスティバルにも出演するなど海外からの評価も高い。アルバムは『AUDIO ACTIVE』など。

〝スクリュードライマー（Elements of Rhyme) feat. BOSS THE MC〟

Audio Activeのアルバム『SPACED DOLLS』（00年）に収録。

――しかも**ボードレール**には大麻に関する文章もあるし、彼の詩における万物照応は、大麻による意識拡充に由来するという評論家もいるから、いわゆるガンジャチューンであるこの曲に、ボードレールが登場するのは、筋が通っていて。それから、こういうビート感にも乗れるのは、BOSSさんが**Calm**とやってるテクノユニット：**JAPANESE SYNCHRO SYSTEM**であったり、ハウスとかダンス・ミュージック・ラヴァーであるっていうところも反映してるよね。

R リリックもとにかくパンチラインだらけで。例えば〈右手から選ばれた言葉は ノートに移植される事を願った〉……、歌詞書いたっていうのをこまで広げて表現する？ みたいな。物事をすごい大きな目で拡大解釈出来るっていうのもラッパーとしては才能やし、これが出来るBOSSさんは、言うことが尽きることはないと思うんです。言葉自体にすでに意思があるし、そういう言葉が書けるのは、想像力も勿論やけど、リリックひとつを熟考したり、長く根気強く取り組むっていう体力と気力だと思うんですよね。その体力と気力は、ストーリーテリングのエグさにも繋がると思うんですよね。

ボードレール
シャルル・ボードレール。19世紀のフランスの詩人、評論家。代表作に『悪の華』『酒とハシッシュの比較』など。

Calm
69年生まれのテクノミュージシャン、DJ。97年に『Calm EP』でデビューし、FARR、Organ Language、K.Fなど様々な名義で、チルアウト、バレアリック・ミュージックを手掛ける。

JAPANESE SYNCHRO SYSTEM
CalmとILL-BOSSTINOによるダンスミュージックユニット。アルバムとしては『THE ELABORATION』（06年）をリリースしている。

BOSSが旅に出る理由

R それを象徴してるのが、このアルバムの後に出た**『アンダーグラウンドVSアマチュア』**の〝未来世紀日本（BACK GROUND VOCALS BY HANA）（遊星's）〟や、2nd『Sell Our Soul』の〝路上〟。

――特に〝路上〟は13分にも及ぶ曲で、これは気力と体力がないと書けないよね。

R BOSSさんはアルバムを作り終わったら、旅に出るんですよね。デカい家を建てることも、高級車乗り回すことも出来るぐらい音楽で稼ぐんやけど、BOSSさんは〈旅路に注ぎ込む詩人の維持費〉って**〝阿吽〟**でラップするぐらい、旅に出て、そこでインプットをする。だから、アルバムを1~2年かけて作って、1~2年かけて日本中をツアー、1~2年かけて世界を旅する。そこでいろいろ吸収して、また1~2年かけてまたアルバムを作るっていうルーティンなんですよね。ゆえに作品に時間が掛かるのは当然だし、それぐらい長いスパンで活動出来る我慢強さが本当にすごい。特にいまなんて、半年、下手

『アンダーグラウンドVSアマチュア』

99年に発表されたTHA BLUE HERBの1stシングル。

〝阿吽〟

『THA BLUE HERB』に収録。

したら1ヶ月音沙汰ないだけで「消えた」みたいに判断されるぐらいサイクルが早いのに、そこを我慢して、音楽づくりのための様々なことに時間を費やせる、根気を持ち続けられるのも強さの一つですよね。

――リスナーもそうだし、アーティストもリリースに対するチキンレースと言うか、プレッシャーに負けちゃうよね。

R だから、腹の括り方が尋常じゃない。作品をリリースして、シーンに爪痕を残してから、一旦シーンから遠ざかって間合いを取って、また次の作品で最後尾からまくっていく。この「シーンに衝撃を与えて」「シーンから離れて」「またゼロからシーンに衝撃を与える作品を作る」っていう作業は、本当に大変やし、同じラッパーとして、痛いほどその凄みが分かるんですよね。

――シーンの先頭なり、強い影響を与える位置にいれば、それを維持したいという欲望もあるだろうし、そうしなくちゃっていう強迫観念も生まれるかも知れないけど、それをあえて断ち切るという。

R まさに椅子取りゲームとか、流行乗っかりゲームを一切断ってるんですよ。自分の作品と自分のライヴ力だけでフロントラインに立って、リリースをしていない期間にたとえ追い抜かされても、次の作品でもう一度最前線に立つっていうのを、ずっと続けている。

――それを可能にする動機づけとして、BOSSには旅があったと。

R　そして、その旅で生まれたのが、まさしく〝路上〟で。BOSSさんは、『STILLING,STILL DREAMING』という山を超えた後に、**「六本木CORE」での伝説と呼ばれているライヴ**をやり終えて、ライヴという山を超える。そしてその後にはヒマラヤに登るんですよね。つまり物理的に山を超える（笑）。

――レトリックではなくリアルに山に登ると（笑）。

R　だから、プレッシャージャンキー、カタルシスジャンキーな部分があると思うんですよね。溜めて、我慢して、乗り越えることに快感を感じるというか。そして、BOSSさんはネパールで何ヶ月か暮らすんですけど、そこで見たり知ったことをルポルタージュ的に書いたのが〝路上〟。

――決して実体験では書けない内容だよね。

R　これまでにも般若さんがカメラの視点で、漢さんがハスラーの視点でストリートを表現したりっていう話をしましたが、ここでBOSSさんは旅人

「六本木CORE」での伝説と呼ばれているライヴ
99年5月2日、THA BLUE HERBが北海道以外で行った初のライヴ。DVD『演武 Live AT CORE, TOKYO 99.5.2』に収録。

として見聞きした内容を、感情移入して、その上でストリートを書いたんですね。実際に体験してないとストリートは書いちゃダメっていう原理主義的な発想もありますけど、やっぱりこの内容は日本では絶対感じられないストリートだし、それを日本人も感情移入できる物語として描いたというのはBOSSさんの凄味やと思いますね。

——それがリリシスト、リリシズムっていうことだもんね。

R この曲にかなりお気に入りのラインがあって。それは〈カルマ特別委員会〉。このワードは梅田サイファーでも流行りましたね。例えば俺が太ってきたとか、ふぁんくさんがさらに太ってきたりとか、「ああ、カルマ特別委員会に追いつかれてるな」って。

——それは単なる不摂生だろ！（笑）

R ホンマ気ぃつけなあかんなとは思います（笑）。こういった見聴きしたことを題材にしたストリーテリングと一緒に、完全にイマジネーションで組み立てられた曲が〝未来世紀日本〟。元ネタは**『未来世紀ブラジル』**だと思うんですけど、映画と同じように、完全に権力によって統制がなされた世界

『未来世紀ブラジル』
85年に公開された「モンティ・パイソン」のテリー・ギリアム監督によるSF映画。近未来の情報統制に支配された社会を舞台に、そこから逃走する人間の姿をブラックコメディとして描いた作品。

がテーマになっていて。他にも『**華氏451**』とか『**リベリオン**』……。

——『**1984**』や『**ブレードランナー**』みたいなディストピアSFものがインスパイア源になってるだろうね。

R ですね。ここで特徴的やと思うのは、主人公は感情や記憶を取引する「ディーラー、プッシャー」なんですよね。それがラッパーならではの視点だと思う。そしてどんでん返しになっているオチとか、リリックで一本の映画を作ってるのと一緒ですよね。これを一本書き上げられるラッパーって何人おるのか。そしてそのストーリーテリング力は新作アルバムでもいかんなく発揮されてるんですよね。

——気力と体力と根気が全く衰えてないのが、BOSSさんやO・N・Oさんの強さの源だと思うね。

R 俺も体力つけなと思いますね、ホンマに（笑）。2ndアルバムの影響を強く受けてるのがおそらく呂布カルマさんなんですよね。〝A SWEET LITTLE DIS〟や〝人斬り〟とか、あの痛烈な切り口は呂布さんのラップからも感じるし、実際、呂布さんからもTBHの影響は直接聞いてて。それこそ、

『華氏451』
フランソワ・トリュフォー監督によるSF映画（66年）。書物が禁じられた、思想統制下の社会を描いた。

『リベリオン』
第三次世界大戦後、感情を持つことを禁じられた社会を描くSF映画（02年）。

『1984』
ジョージ・オーウェルの小説を原作とした映画（84年）。マイケル・ラドフォード監督による近未来の全体主義国家を描いた。

『ブレードランナー』
リドリー・スコット監督によるSF映画（82年）。2019年のLAを舞台にレプリカントという人造人間の逃亡と追跡を描いた。17年には続編が公開。

ラップを始めよう、リリックを書こうと思った時に、ＴＢＨの１stや２ndで、言いたいことは全部言われてたと。だから、そういう出発点から、自分の道を探して、いまの呂布カルマになれたという話をしていて。

――ある意味では、焼け野原を新たに開墾していったというか。

R それぐらい、この時期のＴＢＨの作品は影響力があったんじゃないかなって。ニコラッパーでも、**次郎（仮名）**っていう人は、ものすごい良い塩梅で影響を受けてて。稀代のリリシストやし、ラップも超上手い、いま活動してないのが惜しまれるぐらい天才なんですけど、彼はＢＯＳＳさんの「言葉の面白い使い方」っていう部分に、一番影響を受けてると思うんですね。そうやって色んな人に影響を与えるぐらい、ＴＢＨの曲は幅広い情報量があるし、『Sell Our Soul』はラッパーとして行けるところまで行った、深くまで潜りに潜った作品だったと思うんですよね。そしてそれが神秘性にも繋がったし、ライムスターのMummy-Dさんが**〝ウワサの真相〟でＴＢＨをディスる**要因にもなったと思うんですよね。それに対してＴＢＨは**〝サイの角のようにただ独り歩め〟**で、〈Mrアブストラクトって呼び名ははずれたな〉

次郎（仮名）
ニコニコ動画などにラップをアップしていたネットラッパー／ニコラッパー。

〝ウワサの真相〟でＴＢＨをディスる
〝ウワサの真相 featuring F.O.H〟の1分12秒〜1分41秒を参照。

〝サイの角のようにただ独り歩め〟
『Sell Our Soul』に収録。

〈お前には心の闇がない〉って返したり。

――「ＢＬＡＳＴ」のインタビューで、ＴＢＨが**「ライムスターとかユウザロックとか**（中略）少なくとも俺が志してるアートとは到底言えない」ってのを言ったことが発端だと言われているね。

R 〝アンダーグラウンドＶＳアマチュア〟ではYOU THE ROCK★さんをディスったり。名指ししなくても、他のラッパーに対するディスは多くて。ディスの要素が無くても、内容だけでも、スタンスだけでも、ライヴだけでもＴＢＨは素晴らしいんですけど、上のやつどかしたり、上のやつに噛みつかないと、俺たちはシーンにエントリー出来なかったから、そうせざるを得なかったとインタビューでも話していて。でも、いま聴いてもＢＯＳＳさんのディスやラッパー批判は俺も耳が痛い。多分、順風満帆に活動してても、燻ってても、売れてても、売れてなくても、全ラッパーが「あぁ俺に言われてんのかな」って思うような、耳の痛いリリックで埋め尽くされてますよ。むしろＴＢＨ聴いて耳が痛くないラッパーはちゃんと聴いてないか……アホです（笑）。そんぐらい全部に釘刺していくし、そのメッセージは普遍的。でも逆に言うと、そういう

「ライムスターとかユウザロックとか」
「ＢＬＡＳＴ」１９９９年12月号でのＴＢＨインタビューより。

ラップをすることで、ＢＯＳＳさんは自分自身にも負荷をかけてるんですよ、こんだけのこと言ったら、行動で示さないとって。そして設定したそのハードルを、ちゃんと毎回越えるための動きをずっとしてるっていう。

――特にこの時期はそのディスはセンセーショナルにも映ったし、色んなラッパーとも、東京のシーンともバチバチであり、それも影響して、ラッパーとしても神格化がかなり進んで。

「大河ドラマ」としてのＴＢＨ

R ただ、それが3rd『LIFE STORY』で、今まで神秘的やったり神格化されたＢＯＳＳさんが、俺の印象では「人間になった」んですよね。「ILL-BOSSTINOって実在するんや、人間なんや」っていうようなリリックが印象としては増えてくる。その一番顕著な例が〝この夜だけは〟。とにかく日常であったり、自分の周囲に関する話が増えていくんですよね。それがすごく衝撃だった。

――確かに、このアルバムは「ＢＯＳＳの肉体性」が強く現れたと思うし、インタビューでもそれは自覚的だったと話していて。

R　これは俺の完全な妄想なんですけど、これまでの作品を通して、日本各地でのライヴや、フェスへの参加、音楽ジャンルも横断して、色んな「シーン」と繋がることになったと思うんですよね。そこで色んなコミュニケーションが増えていく中で、こういった部分が表れたのかなって。これまではヒンヤリした青い炎って印象だったのが、このアルバムでは温かいオレンジの炎も見えるようになったみたいな、言葉の温度自体が変わった感触はあったし、だからこそ『LIFE STORY』っていう、人生の話をするようになった気がするんですよね。そして4枚目の『TOTAL』は、東日本大震災の影響がすごく大きくて、そこで見えたものだったり、露呈した日本の不安定さ、その先にある復興の話に切り込んでるんですね。このアルバムをリリースした後にも、全国をツアーで回って、お客さんと顔を合わせて、同業者と渡り合って、異ジャンルと戦うんですけど。

——それはDVD『PRAYERS』でも総括されているね。

R　そういった経験をずっと繰り返してきたからこそ、そしてこのアルバ

『TOTAL』

12年に発表されたTHA BLUE HERBの4thアルバム。

『PRAYERS』

13年に発表されたTHA BLUE HERBのDVD+CD作品。川口潤監督による、東北の被災地にあるライヴハウスを回るツアーのドキュメンタリー映像とライヴ映像、楽曲〝PRAYERS〟を収録。

ムのタイミングだからこそ出来たんやないかな、と思う曲があって。それが"RIGHT ON"。この中でディスではない、リスペクトの方向で色んなアーティストをネームドロップするんですね。このアルバムは俺がDJ松永の家に居候してた時に出たんですけど、居候だったんで独りになって部屋を締め切って聴くことも出来ず（笑）。

――TBHを聴くときのルーティンが出来なかったと（笑）。

R　それで散歩しながら聴いてたんですけど、この曲のネームドロップを聴いてダッシュで帰って、ドアを開けるなり「松永さん！　BOSSがYOU THE ROCK★の名前を言ったぞ！」みたいな。松永も瞬時に察して「マジで!!」って（笑）。

――それぐらい衝撃だったと。

R　あんだけいろんな言い回しでディスってた相手を〈OLD TO THE NEW NEW TO THE OLD　それぞれのスタイルを貫こう　そうだろ　YOU THE ROCK★〉って。そのあとANARCHYさん、SHINGO★西成さん、**BRON-K**さん……みたいに、いろんなラッパーの名前が出てくる。3枚目で人間味があふ

BRON-K
神奈川県相模原市出身のラッパー。ヒップホップクルー：SD JUNKSTAのメンバー。08年に1stアルバム『奇妙頂来相模富士』、12年に2nd『松風』をリリース。

『IN THE NAME OF HIPHOP』

15年に発表されたBOSSのソロアルバム。

田我流
82年生まれのラッパー、DJ。山梨県の一宮町のヒップホップクルー：stillichimiyaに所属。11年公開の映画『サウダーヂ』（富田克也監督作品）では主演を務めた。最新作は『Ride On Time』（19年）。

れ出してから、色んなことを認めるようになってたとはいえ、ここでヒップホップシーンに対してリスペクトを捧げるっていうのは、かなり衝撃でしたね。そしてYOUさんとの関係性は、BOSSさんのソロ『IN THE NAME OF HIPHOP』で、また違う形でも決着するんです。このアルバムはO・N・Oさんじゃないトラックメイカーを迎えたり、**田我流**さんとか**BUPPON**さんみたいな客演でも参加するっていう、TBHでやってこなかったことを形にしたアルバムなんですけど、ここでYOUさんを客演に迎えて、〝44 YEARS OLD〟を制作するんですよね。

――しかもトラックが**DJ YAS**という、〈去年のじゃなく証言の続きが聞きたい TOKYOへの用件はわずかそれぐらい〉と〝ONCE UPON A LAIF IN SAPPORO〟で言ったLAMP EYE〝**証言**〟のトラックを作った人だという。

R これがBOSSさんなりのディスった相手へのけじめのつけ方だったと思うんですよね。こういう風に、TBHは毎作、過去の自分たちに対してアンサーを返したり、ちゃんとけじめをつけていくんですよね。だからTBHは「大河ドラマ」だと思うんですよ。その中には、20周年で行われた土砂降りの野音で

BUPPON
08年にデビューした山口県出身のラッパー。「ULTIMATE MC BATTLE」広島予選で2008年、2012年に優勝。最新作には『enDroll』(19年)。

DJ YAS
DJ、トラックメーカー。93年にはRINO、GAMAとユニット「LAMP EYE」を結成。ソロアルバムには『SMOKING GUN』(05年)など。

〝証言〟
正式には〝証言 feat. RINO, YOU THE ROCK, G.K.MARYAN, ZEEBRA, TWIGY, GAMA, DEV-LARGE〟。「東京のヒップホップ」を明示するアンセム。

のワンマンライヴもあると思うし、その大河ドラマの最新話は、7月にリリースされたセルフタイトルの『THA BLUE HERB』に繋がっていって。

――全編BOSSのラップのみでフィーチャリングなし、ビートも全てO・N・O製という、TBHのスタンダードを2枚組、30曲で形にしたという。

R これを作れって言われたら、俺も松永も飛びますよ（笑）。

――大阪と新潟に帰らせてもらいますと（笑）。

R これまでのキャリアで一番高い山を登りましたよね。〈この地球上さらにかるく時空をまたぐイリュージョンばりのランナーが皿の持久走をはじめたんだ〉って、1stの〝THIS '98〟で歌い出しで言った持久走がまだ止まってないし、21年経ったその先にこのアルバムがあると。その意味でもずっと走り続けてる。

――一番長大な作品を作るってことは、フィジカルが今に至って最高潮にあるってことだもんね。

R そしてこのアルバムには、今までにTBHやBOSSさん、O・N・Oさん、DJ DYEさんが出してきた作品の全ての要素が詰まってるんですよ

『THA BLUE HERB』

19年に発表されたTHA BLUE HERBの5thアルバム。

ね。「これ、1stの頃っぽい」「2ndの頃のBOSSさんの感じやな」という部分や、ディスの感覚、ライムのテクニカルさ、ストーリーテリング力、リリシズム……そして当然ながら新しいBOSSさんやO・N・Oさんの感覚。そういう全部を詰め込んだ、「これぞTBH」っていう作品が、5枚目に至って、このキャリアを経て、こんなエゲツない内容でリリースされるっていうのは、同業者としては恐ろしいですね。

——しかも1曲目の〝WE WANT IT TO BE REAL〟でアルバムのおおよその流れを説明していたり、その構成も非常に凝っていて。

R　このリリック1行1行が、後々1曲1曲に広がっていく、言うたら目次みたいな曲なんですよね。しかもそれが箇条書きになってるわけじゃないし、内容としても支離滅裂に分裂していない。それが凄まじい。そして〝TRAINING DAYS〟で、Mummy-Dさんとの和解がこの曲でなされるんですよね。ヴァースが始まる直前に、〈北の地下深く技磨くライマー〉っていうMummy-Dさんの声がスクラッチされて。この〝耳ヲ貸スベキ〟のヴァースは、あの当時のBOSSさんのことをDさんが言ってたんですよね。

――**「ヒップホップ・ナイト・フライト」**でライムスターがデモを紹介するコーナーで、ＴＢＨの**〝悪の華〟**を紹介してるんだよね。

Ｒ　そういう経緯があったんだけど、それが捻れてしまって、ディスり合いが生まれてしまう。でも、それが20年を経て、この曲では「北の地下深く技磨くライマー」だったころの自分を描くと。これ以上ない綺麗なビーフの決着だし、ヒップホップの美しさですよ、これが。

――〝THERE'S NO PLACE LIKE JAPAN TODAY〟とか〝REQUIEM〟みたいな、政治や戦争の話は、日に日に形にするコストやリスクが高まっているし、それに対する言論弾圧レベルなことが普通に起き始めている。それでもちゃんとそういった内容を形にするＴＢＨは、やはり誠実だと思ったし、それがインディペンデントであることだなって。

Ｒ　だから同業者こそ聴いたら食らわされるんやと思いますよね。それから、やはり語らなくちゃいけないのは〝AGED BEEF〟。これは、ディスやＭＣバトルシーンについてがっつり語ってる曲で。ここでもＹＯＵさんやMummy-Dさんの名前が出てくるんですけど、それに対して〈自分のディス

「ヒップホップ・ナイト・フライト」
TOKYO-FMで深夜に放送されたヒップホップ番組。YOU THE ROCK★がパーソナリティーを担当。

〝悪の華〟

コンピレーションアルバム『THE BEST OF JAPANESE HIP HOP vol.6』（96年）に収録。

が負わせた傷　清算していく仕掛けた者の義務〉と言ってるように、やはりディスやビーフに対しては色んな思いがあると思うんですよね。

――しかし一方で、バトルという、因縁の無い者同士が戦わされる事が活況を呈している状況もあることをこの曲では危惧してて。

R　それを〈削り合いの螺旋は果てねえな　こんな所に居続けちゃダメだ〉ってラップしてるんですけど、これと似たような内容を、実際に俺もBOSSさんに言われたんですね。第1章で話した、ライムスターとTBHが邂逅した時に、僕らもBOSSさんと話させて貰ったんですけど、そこで「バトルの8小節、16小節の削り合いじゃなくて、こういうフェスやライヴで30分、1時間でお互いぶつけ合えるような勝負をしようぜ」って言ってくれたんですよ。当時、俺自身バトルから足を洗いたいと思ってた時期だったんで、その言葉はすごく響きましたね。

――ただ一方でRくんは「ダンジョン」ではラスボスとして復帰したわけだけど。

R　それは般若さんとの関係性もあったことは前回お話ししましたけど、もう一つは「自分のやってきたことの責任として、もう1回あの場所に戻らなあかん」っていう。正直〝AGED BEEF〟で言われることは、本当に耳が痛いけど、それも理解した上で、俺はやっぱり自分の成すべきことを成すというか。それがBOSSさんから影響を受けてきた者の、俺の義務かなと思ったんですよね。だから逆に〝AGED BEEF〟を聴いて、ラスボスを引き受けたのは間違いじゃなかったなって。

――自分の立ち位置を明確にして、そこで自己表現をする上でも、この動きは必要だったと。

R 〝A TRIBE CALLED RAPPER〟で〈これはラッパーじゃないと中々解らない　俺を育てているのは商売敵〉っていうリリックが出てくるんですけど、まさしくBOSSさんのリリックも、俺にとってそうなんですよね。この曲を聴いて、バトルを辞めるんだったら、そっちの方がよっぽどダサい。逆に、俺が〝未来予想図〟を書いたのは、誰もこれぐらい明確に言ってくれへんかったからなんですよね。

――あの曲は「ダンジョン」の盛り上がりに冷水を掛けるのかって怒った人

もいたぐらい、悲観的だし、自己言及的な曲だもんね。

R あれが正直な気持ちだったし、誰かに言われる前に自分で言おうと。実際、BOSSさんに、「あれ言われたら、俺ら何も言えねぇ」って言われたし、その数年越しにBOSSさんなりの、BOSSさんの視点からの、MCバトルに対しての曲が生まれたのは、感慨もありましたね。だからこそ「ダンジョン」でしっかり責任を取るのも、BOSSさんへのアンサーでもあると思う。あ、もう時間も文字数も無いですね。じゃあ最後の一曲は〝LOSER AND STILL CHAMPION〟。この曲では俺の名前を言ってくれて（笑）。

――いきなり自慢だ（笑）。

R 遂にネームドロップして頂けたんで（笑）。さっき言いましたけど、**呂布カルマ**さんと一緒にTBHについて話し合ったことがあったし、結局、同じような音楽を通ってきた二人が、BOSSさんに曲の中で言及して貰えるというのはご褒美ですよ。最初はリリックのブックレットを読まずに聴いてたら、急に〈今は呂布カルマとRって言ってたさっきのGIRL　よく解ってらっしゃる〉ってワードが出てきて、もうパニックになって、1回曲止め

呂布カルマ
83年生まれのラッパー。愛知県名古屋市出身。「KING OF KINGS 2018」優勝、「ULTIMATE MC BATTLE 2019」準優勝などMCバトルで活躍し、「フリースタイルダンジョン」の2代目モンスターをつとめる。アルバムには『The Cool Core』（14年）など。

て部屋の中を歩き回りました。

——ハハハ、どうしたらいいか分からんって（笑）。

R　「もしかしたら聴き間違いかも知れない」と思って、歌詞を改めて読み返して、「ああ、言ってはるわ……」みたいな（笑）。俺らや俺らの世代に対して、「おごらずにちゃんと続けろよ、アルバム作ってツアーやれよ、じゃないとすぐに負けるぞ」ってことを言ってくれてるやろうし、そういう形で僕らにエールを送ってくれてはるんやなって。正直Creepy NutsとＴＢＨの土俵は、音楽性も含めて違うと思ってます。もっと言えば、Creepy Nutsがやってるのは、90年代、00年代にＢＯＳＳさんたちがディスってたようなスタイルでもあると思う。でも、そういうスタンスの人間のことも、ＴＢＨはちゃんと見てくれてるっていうのは、本当に嬉しかったし、感謝しかなかったですね。お客さんの中で、なにか訊きたいことがある人はいますか？

——（観客より）いまのお話を受けて、ちょっと失礼な言い方になるかと思いますが、なぜＴＢＨの影響を受けつつ、いまのカジュアルなヒップホップを進めていくっていう生き方を、Ｒさんは選ぼうと思ったんですか？

R　俺はBOSSさんの影響と同じように、ライムスターの影響やジブさんの影響を受けてきたし、その意味では無数の影響を、色んなアーティストから受けてきたんですね。そんな中で、自分に相応しい特性や、自分が出来ることを選別していくと、分かりやすくヒップホップをリスナーに伝えるという方向が、自分には相応しかったのかなって。でも、ただ分かりやすいだけじゃなく、ポップネスの中に、すごく入り組んだ表現も忍ばせたいとも思ってます。確かに、BOSSさんを聞いてると、いまの自分みたいなスタイルを否定しそうになる時も、特に若い頃はあったんですよ。TBHに影響を受けたラッパーがどうなるかというと、思いっきりアングラに潜る人と、TBHを聴いたからこそホンマに自分の好きな方向やる人に分かれるんですね。俺自身も今の話では前者のように、19、20歳ぐらいの時にはSOUL'd OUTやケツメイシが好きな自分を全否定して、アンダーグラウンドで激シブなヒップホップを作ろうと思った時期もあったんです。でも、それを自分で作ってみて、歌ってみて、楽しくなかった。そこで、自分はアンダーグランドもポップなラップも好きやし、それらをハイブリッドしたベストな形はどうしたら作れるのかって方向に進んだんですよね。それが優柔不断と言われたらそれまでなんですけど、そうやって模索し続けてる。それに、そこで自分のスタイルを曲げる方が、俺の中ではヒップホップじゃないんですよね。だから、こんなスタイルやのに、ＴＢＨに影響を受けてるっていうのを堂々と恥ずかしげもなく言わせてもらってる（笑）。ＢＯＳＳさんにも対談の時に言ったんですよ。俺は歌も歌うし、テレビも出るし、お客さんにも歩み寄って手を挙げさせたりもする、でも、それが俺の持てる全部を使った戦い方なんですよ、って自分のスタンスを話して。そうしたら、ＢＯＳＳさんもそのスタイルにちゃんと理解を示してくれてたんですね。

――そうやって違いを認識しつつも、そのスタンスを尊重するっていうのが、「理解する」ということだもんね。

R　そうですね。だから、より自分はこのスタイルを進めていこう、そこで自分の方向性を模索していこうと思いましたね。その意味でも、ＢＯＳＳさんの影響は本当に大きいですね。

第6章
00年代のRHYMESTER

PROFILE

RHYMESTER

89年に結成された日本のヒップホップグループ。メンバーは宇多丸、Mummy-D、DJ JIN。93年にアルバム『俺に言わせりゃ』でデビュー、「キング・オブ・ステージ」の異名の通り精力的にライヴで活動、『リスペクト』(99年)、『ウワサの真相』(01年)などの作品を発表した。07年の武道館ライヴ後に活動休止するが、09年に"ONCE AGAIN"をリリースし再始動。近年では音楽フェス「人間交差点」の主宰も。メンバーはそれぞれラジオパーソナリティー、俳優、DJユニットなど多方面で活躍。

野上少年、ライムスターと遭遇す

――今回は「00年代のライムスター」というお題で進められればと思います。ライムスターの名前は、この企画で取り上げるアーティストとして、いの一番に挙がってたんですが、2019年で結成から30年を迎えるというキャリアと、膨大な作品数を考えると、このイベントの持ち時間で全てを語ることは不可能すぎるので、今回は「00年代」という枠で話していければと。ただ00年には**『リスペクト改』**がリリースされていますが、それは99年リリースの**『リスペクト』**のリミックス盤なので、今回は除外いたします。

R　俺が一番最初に触れたライムスターが、00年代のライムスターなんですよ。最初に手に取ったアルバムが**『ウワサの伴奏～And The Band Played On～』**という、メジャー1stアルバム**『ウワサの真相』**を、バンドとのセッションで再構築した盤だったんですね。そこから本編の『ウワサの真相』、それに続く**『グレイゾーン』『HEAT ISLAND』**と聴いていって。だから、00年代のライムスターが、自分が思春期に受けたヒップホップの原体

『リスペクト改』
00年に発表された、『リスペクト』のリミックスアルバム。

『リスペクト』
99年に発表されたライムスターの3rdアルバム。

験として、色濃くあるんですよね。プラス、色んなところで評論されるライムスターって、95年の**『Egotopia』**、99年の『リスペクト』が中心になることが多いと思うんですよ。確かに、その2枚も日本語ラップ史に燦然と輝くクラシックなんですけど、その後もライムスターは当然ながらクラシックを更新し続けてるってことを、今回話せればと思います。

――では『ウワサの伴奏』『ウワサの真相』を聴いての野上少年の感触はどんなものだったの?

R　とにかく聴きやすくて、格好いいというのもあったし、「面白かった」っていうのも強かったですね。第一回で話したように、最初にツタヤで借りたヒップホップアルバムは、SOUL'd OUT、Zeebra、ラッパ我リヤ、そしてライムスターだったんですけど、ジブさんはシンプルに格好いい、我リヤはライミングが凄まじい、SOUL'd OUTも聴感として気持ち良かった。その中でライムスターは、カッコいいし韻も固いんやけど、それ以上に「話の内容が面白い」っていう部分が強く印象に残ったんですよね。それに「この人ら……もしかしたら不良じゃないな、なんやったら俺らと近い普通の人なのか

『ウワサの伴奏 ～And The Band Played On～』

02年に発表されたライムスターのリミックスアルバム。

『ウワサの真相』

01年に発表されたライムスターの4thアルバム。

な」って思うような歌詞が多くて。

――ナードではないけど、ハードでもない、教育も受けてきて……という意味では「普通」だよね。

R　そういう人達が、客観的に自分を見てる部分がすごく興味深かったんですよね。それを感じたのが『ウワサの真相』の1曲目、〝勝算（オッズ）〟。この曲の頭で宇多丸さんとMummy-Dさんで「YO！　YO！」ってお互いに言い合うんですけど、言ってる途中で笑っちゃうんですよね。普通のラッパーは「YO！」って言い切るじゃないですか。でも「YO！」って全力で言うこと、言い切ることに、ちょっと照れて笑ってしまう。そこに、この人達はラッパーなんやけど、普通の市井の人間の感覚もあるんや、っていう感触があったんですよね。

――「YO！」と言ってる自分に、客観的に向き合ってしまうというか。

R　そこに、日本人がラップすることへの世間からの違和感みたいなことを自分たちでも分かった上で、それでもこの人達はラップをやってるんやなって印象があったんですよね。そして『ウワサの真相』の2曲目の〝ロイヤル・

『グレイゾーン』

04年に発表されたライムスターの5thアルバム。

『HEAR ISLAND』

06年に発表されたライムスターの6thアルバム。

ストレート・フラッシュ〟。ここで宇多丸さんは〈ぶっちゃけモー娘。より好物〉ってラップするんですけど、これはご本人も言ってたんですけど、01年当時にラッパーが「モー娘。」っていう言葉をリリックに使うっていうのは結構勇気がいったらしいんですよ。

——いまでこそアイドル好きのラッパーとか、アイドルと仕事するラッパーなんて珍しくないけど、その当時はモーニング娘。がスターダムだったとはいえ、それでもアイドルが好きだって公言することへの偏見はいまより強かった。しかもアイドルっていう、アメリカでは珍しい超日本的なサブカルチャーに言及するわけだから、余計に発言に覚悟がいるよね。

R　雷やギドラみたいなハードコア勢も登場するイベントにライムスターも出てた時に、そのいかつい面々が集まる楽屋で、出番が終わったら速攻でモー娘。のTシャツに着替えて、モー娘。のライヴに行ったという逸話のある宇多丸さんの強さですよね。

——宇多丸さん自身、**岡田有希子さんの自死**に強いショックを受けたことを曲でもラップしてるように、80年代からアイドルをチェックしてる人で。だ

『Egotopia』

95年に発表されたライムスターの2ndアルバム。

岡田有希子さんの自死

86年4月8日、人気絶頂のトップアイドルだった岡田有希子の自死のニュースは世間に衝撃を与えた。"LIFE GOES ON feat. Full Of Harmony"の宇多丸のヴァースはこの事件を題材にしている。

から、ライムスターはハードコア勢とも繋がりは深いと同時に、宇多丸さんがサブカル番長であることはシーンの内外に知れ渡ってはいるけど、その胆力は見習いたい（笑）。

R　宇多丸さんの「好きなもんは好きだし」っていう貫き方ですよね。**「笑っていいとも」にライムスターが最初に出たとき**もモー娘。のTシャツを着てたんでしたっけ。

――いかにもラッパーっぽいタフなコートの下に、モー娘。Tシャツっていう（笑）。

R　そういう意味でも、自分の趣味とか、自分の守備範囲を、無理にアメリカの流行とか、アメリカナイズされた価値観に合わせることなく、日本人の普通のボンクラ男子として提示するライムスターはすごかった。餓鬼レンジャーの回でも言ったんですけど、俺の考える日本語ラップ3大ボンクラ男子は、ライムスター、餓鬼レンジャー、ケツメイシなんですけど、同じ頃に餓鬼レンジャーも〝火ノ粉ヲ散ラス昇龍〟で〈超超超いい感じ〉って使ってたりして、この3組はリリックの自由度が高いんですよね。

「笑っていいとも」にライムスターが最初に出たとき
01年12月7日の「テレフォンショッキング」のコーナーに出演。

——**TAICHI MASTER**さんがアルバムで、ケツメイシのＲＹＯＪＩさんと宇多丸さんが一緒に作った曲は〝あ・い・ど・る〟で、アイドルに夢中になってる人の気持ちをこれでもかと抉るように書いてるんだけど、その続編とも言える**中塚武**さんの〝My Honey X feat. 宇多丸〟、**L・L・COOL J太郎**の〝ロバート・デ・ニーロになれなかったよ ｆｅａｔ. 宇多丸〟とか、宇多丸さんのアイドルテーマの曲は、アイドルファンの業を感じる内容で、こればっかりは宇多丸さんじゃないと書けないなと。

R そういう興味深さに加えて、〝ロイヤル・ストレート・フラッシュ〟での宇多丸さんの怒涛の踏みまくりもすごい。「百戦錬磨」「恥かく宣伝マン」「隠せん電波」「ダ・ラップゲーム魔」「発言権は」「ワースト・テン圏外」「ハズせん現場」「勝つ宣言が」「８０００点差」「役立つ経験さ」。こんな長いライミングで踏みまくるスキルを見せられると、モー娘。とか言い出しても、文句言われへん（笑）。

——ただ、最後が我慢できなくて「プッチ」って言い出してしまうというね（笑）。プラス「ＢＬＡＳＴ」での宇多丸さんの連載「怪電波フロム神保町」

TAICHI MASTER
73年生まれのＤＪ、音楽プロデューサー。Ｕ（後のキック・ザ・カンクルーのＭＣＵ）、DJ TATSUTAと共にRADICAL FREAKSを結成。脱退後は自ら立ち上げたレーベル：adjustmentよりキックやアルファなどを輩出した。ソロでのアルバムに『DISCO*NNECTION』（05年）など。

中塚武
ユニット：QYPTHONEでの活動を皮切りに、ソロとしてアルバム・リリースやＣＭ音楽、アーティスト・プロデュースなどを行う。〝My Honey X feat. 宇多丸〟は『Kiss & Ride』（08年）に収録。

も織り込んでたり。

R　このマニアックな内容を、メジャー1stシングルで形にするってすごいですよね。そして〝Walk On-Hey, DJ JIN Pt.2〟では、DJ JINさんが初めてラップをするんですけど、とにかくJINさんのラップは腹から出てる（笑）。あと、JINさんのラップって、発声とか言い回しが不思議とBOSSさんぽい感じがあるんですよね。

――ちょっと文語調というか。歌詞にJ．M．Jって出てくるけど、ライムスターはやはり**ラン・DMC**マナーが基本にあるから、JINさんがマイクを握るのも、遂に、っていう感じだった。ちなみにDJ松永くんはマイク持たないの？

R　松永さん、一応歳上なんでなかなか無茶ブリもしづらいし、超照れるんですよ。ラップするには、たぶん人間性がだいぶ変わんないと無理ですね。

――根本的な人間性が（笑）。

R　多分、三段階くらい変わったらやるかな。彼女できて、結婚して、子供出来て、初めてラップやれるくらいズルムケるかなと（笑）。

L・L・COOL J太郎
漫画家、タレント、映画監督の杉作J太郎がラッパーとして活動する際の名義。03年にアルバム『プッチRadio』を発表。宇多丸の他にダースレイダーやシーモネーター（現：SEAMO）、AFRAが客演参加。トラックはLATIN RASKAZ。

ラン・DMC
80年代初期より活動するニューヨークの3人組のラップグループ。メンバーはジャム・マスター・ジェイ、ラン、D.M.C。86年に〝Walk This Way〟が大ヒット。ライムスターに大きな影響を与えている。

――家族への愛をラップしてしまうタイプ？（笑）

R そうそう。多分、恋とか愛情をちゃんと持ったら、そこに盲目に行くと思うんで、その抑えられない気持ちが、ラップとして発露する可能性はある（笑）。

――ふふふ。楽しみにしよう（笑）。

R あと、ライムスターで欠かせない要素としてはエロ曲があるんですけど、このアルバムだと〝The Blackbelt feat. **PUSHIM**〟ですね。「自分は恋の黒帯だ」って言い張る男をDさんと宇多丸さんが演じて、それにプシンさんが返すっていう内容なんですけど、ライムスターの恋愛ものって男が手玉にとってるように見えて、逆に手玉に取られてる曲が多いんですよ。

――ライムスターの恋愛ものって、基本的にうまく行かないよね（笑）。

R 最後負けるみたいな（笑）。

――負けるか、妄想か、やっかみか（笑）。ジブさんの**〝プラチナム・デート〟**とは世界観が全く違うよね。

R ジブさんのモテ曲は基本モテたまんま終わるんですけど、この〝The Blackbelt〟は、俺はモテてるし、女性を手玉に取ってる！ と思ってんのは

PUSHIM
レゲエ・シンガー。90年代中盤から活動をスタートさせ、99年にシングル『Brand New Day』でメジャーデビュー。レゲエ、ヒップホップを問わず、数々のコラボを展開する。韻シストも所属するレーベル「Groovillage」を15年に設立した。最新作に『immature』（19年）。

〝プラチナム・デート feat. DOUBLE〟
Zeebraの2ndアルバム『BASED ON A TRUE STORY』（00年）に収録。

本人たちだけで、女性には……バレバレっていう男のボンクラ感（笑）。宇多丸さんの〈とかく能あるタカ l:i k e カトウほど爪隠すもんさ何かと特に自慢の2フィンガーはベッドでこそ際立つ逸品だ〉って歌詞も格好つけてる割にはどうかしてますよ（笑）。

――これ、AV男優の加藤鷹のことと、**『ツーフィンガー鷹』**ってユン・ピョウの映画の両方に掛けてるよね、おそらく。

R 俺がライムスターがすごいと思うのは、賢いアホというか、IQ高いのにアホな歌詞っていうのが最高なんですけど、ここにそういう部分が出てますよね（笑）。

――アホさに高IQを駆使するという（笑）。

R ラッパーの魅力って、そこに集約されてるとも思うんですよ。最後まで賢い人って面白くないじゃないですか。ライムスターは使ってる脳、使ってる言葉、使ってるライミングは超高度やのに、言ってることがアホな時がある（笑）。その逆もしかりで、砕けた言葉と発想で、めっちゃ深いことや難しい話をしてることもある。

『ツーフィンガー鷹』
スチャダラパー "WILD FANCY SAMPLER" にも登場する。

——且つ、男が手玉に取られるっていうのは、いわゆる「ビッチとやったぜ」みたいな、女性蔑視的なヒップホップと距離を置いたり、相対化する意味合いもあると思うし、それがライムスターの頭の良さというか、思慮深さだとも思うんだよね。

R そういう部分も共感が広く及んだ理由だと思うんですよね。そして〝前略〟は個人的にめっちゃ好きで、「Creepy Nutsのオールナイトニッポン0」でもかけたし、宇多丸さんがラジオにゲストで来てくれたときにも話して。内容としては宇多丸さんとDさんが10代の頃の自分に手紙を書いたって内容なんですけど、Dさんのヴァースは実話なんですよね。ライムスターのラジオ「WANTED!」でもこの話をしてたし、**マボロシ**でも**〝ペニー・レイン〟**って曲で、この時のことを歌にしてますから。

——よっぽどトラウマなのかな。

R でも、この曲の最後に〈そいつとはマジ付き合っとくこと！〉って言ってるように、後でこうやって題材にもなるし、ラッパーにとっていちばん大事な「経験」を手に入れてるってことになってると思うんですよね。

マボロシ
04年に結成されたMummy-DとSUPER BUTTER DOGのギタリスト竹内朋康によるヒップホップユニット。

〝ペニー・レイン〟

マボロシの2ndアルバム『ラブシック』（07年）に収録。

――宇多丸さんのヴァースも**Q.B.B.の『中学生日記』**とか**藤子・F・不二雄の『あのバカは荒野を目指す』**みたいな味わいがあるし、どの年代が聴いてもグッと来る普遍的なメッセージ性もあって。

R 前回のTBHの時に、BOSSさんはラッパーとして超真面目やって話をしましたけど、ライムスターもラッパーとして超真面目なんです。ライムスターはBOSSさんと違って、俳優とかタレント活動もされますけど、ラップにおいては絶対に韻をサボらずに、フロウしまくって、ちゃんと面白い話をヴァースの中でする。

――シンプルにして最も重要なことだよね。

R ラッパーとして普通の、当たり前のことを、さらに高いレベルで出来るように更新し続けている。〝前略〟でDさんは冒頭は「A・E・A」の母音を散りばめていくから、リズムとして気持ちいい。それから〈3日前にお前コクってきた彼女 上目遣いにグッときたかのようだが〉も、文章として超自然なんだけど、「きた彼女」と「来たかのよう」と長く、「前に」「お前に」「上目遣いに」って細かく韻を踏んで、アクセントをつけながらリズム刻む。ん

Q.B.B.の『中学生日記』
漫画誌『アックス』に連載された4コママンガ（01年～15年）。中学生たちの平凡な日常を群像劇形式で描いたギャグ漫画。

藤子・F・不二雄の『あのバカは荒野を目指す』
78年に発表された読み切り漫画。若い頃の失敗をやり直したいと願うホームレスの男のタイムスリップ物語を描いたSF（すこしふしぎ）短編。

〜……巧すぎる。
——思わずため息が（笑）。
R　この先もさらにライミングしまくるし、やっぱりDさんはラッパーとしてかなりオールラウンダーだと思うんですよ。梅田サイファーでも、日本で一番ラップ巧いのは誰ってみんなで考えるんですけど。
——そんな話ばっかりしてるんだね、梅田サイファーは（笑）。
R　最後それで取っ組み合いの喧嘩になるんですけど（笑）。そんぐらいみんな持論があるんですけど、俺の持論で行くと、一番は決められへんけど、総合力で見たら最強はMummy-Dさんだと思うんですよね。特徴のある声、韻の固さ、フロウの多彩さ、リリックの面白さ、語彙のデリヴァリー、ライヴの巧さ……そういう全ての要素が最大値に振れているのが、Dさんだと思うんですよね。しかも、Dさんはその要素をたゆまぬ努力で埋めていったと思うんですよね。
——最初からいまのDさんのスタイルでは無いもんね。それそこ**リーダーズ・オブ・ニュースクール**のチャーリー・ブラウンっぽいフロウを最初期はして

リーダーズ・オブ・ニュースクール
90年代に活躍した、バスタ・ライムス、チャーリー・ブラウン、ディンコ・DとDJのカット・モニター・マイロの4人組グループ。91年にデビューアルバム『A Future Without A Past…』を発表、トライブ・コールド・クエストの〝Scenario〟に客演するなど活躍。93年に解散したが、10年に再結成ライヴを行った。

いたわけだし、フロウや発声という部分では、Dさんはすごく色んなチャレンジをしていて。

R　だから、作品を追うたびに色んなチャレンジを重ねて、研究して、いまに至ったと思うんですよね。これは松永さんが言ってたんですが、どちらかといえばライムスターでセンス派なのは宇多丸さんなのかなって。宇多丸さんのワード・チョイスや語彙力、視点は宇多丸さんからしか出てこないものがあるし、それをバッチリな場所でハメるセンス。そこに天才的なものがあると思うんですよね。

——ただ、それを下支えしてるのはサブカルチャーも含めた教養の部分だと思うし、知識の吸収は努力、それを自分の中から抽出して落とし込む感覚は天才肌って感じがするね。〝プリズナーNO・1，2，3〟も、「プリズナーNO・6」っていう60年代のイギリスのドラマを基にしているし、それをベースに出来るのも知識の為せる技というか。

R　〝グッド・オールド・デイズ〟での、宇多丸さんの〈戦争で〉と〈センスとウデ〉っていう母音で厳密に分解するんじゃなくて、似た響きで考える

「子音踏み」、これは宇多丸さんの韻の特徴だと思いますね。この曲では二人ともヴァースごとにキャラクターになりきった声質とフロウを演じるのも最高ですね。Dさんの演じる理解ある父親に育てられた子供は、大きくなったら**GOODMOODGOKU**になると思います（笑）。宇多丸さんはキック・ザ・カン・クルー**〝神輿ロッカーズ〞**とかでも外国人を演じてるし、外国人っぽいフロウは宇多丸さんの得意技だと思うんですけど、この英語と日本語のちゃんぽんみたいな、フザケてやってたカタコトラップが、いまやスタンダードになるという……。

——確かに！　ここまでカリカチュアライズしなくとも、この延長上に特にTRAP系のラッパーのフロウはある気もする。

R　だから実は予言してたんやって(笑)。こういう風にカタコトでも英語っぽく発音すると、音節が埋まって、気持ちよくなるんですよね。だから宇多丸さんのこのフロウは早すぎたスキル（笑）。あと、Dさんの〈オレも10歳までは　入れたんだ　女風呂にクーッ　戻りてぇ　そんな頃に…〉っていうパートはキャラではないんですよ（笑）。

GOODMOODGOKU
95年生まれのラッパー。GOKU GREEN名義で16歳の若さで1stアルバム『HIGH SCHOOL』（12年）を発表。DJの父親の下、幼少期からR&Bやヒップホップを聴いて育った。最新作に『GOODMOODGOKU』（19年）。

〝神輿ロッカーズ〞
キック・ザ・カンクルーのアルバム『VITALIZER』（02年）に収録。

――Dさんの心の叫びが（笑）。

R　〝前略〟とか〝グッド・オールド・デイズ〟はいまになって余計に味わい深く感じるし、シーンに生き残ってる人は全員そうなんですけど、10年、20年噛んでも、ずっと味出るような曲ばっか作ってるんですよね。

――特にライムスターやスチャダラパーは、懐かしいじゃなくて、いま聴いても発見や新鮮さがあるよね。

R　いま、こういう息の長い内容をラップする人って少ないと思うし、いまだからこそ、こういう技術は尊いと思いますね。

ライムスターのシーンに対する「視点」

R　そして『ウワサの伴奏』は、バンドアレンジ盤といえど、内容はかなり変化してて。例えば〝勝算（オッズ）session with ゴスペラーズ〟には大学の後輩だった**ゴスペラーズ**をバックコーラスに迎えるっていう超贅沢な使い方。

――ゴスペル自体、ストリート・ミュージックの原点であり、そこにラップ

ゴスペラーズ
91年に結成された5人組のボーカルグループ。早稲田大学のアカペラサークルのメンバーで結成。代表曲には〝永遠に〟など。

とブレイクビーツっていう現在のストリート・ミュージックをぶつける構成もすごく音楽史を意識しているようにも思えるね。しかもそれをサラッと形にしてる。

R そういう文脈回収も強引じゃなくて、ちゃんと理屈が通った、自然な形なんですよね。そして『ウワサの伴奏』で特筆すべきは〝肉体関係part.2 逆featuring.クレイジーケンバンド〟。ライムスターのラップも最高なんですけど、**横山剣**さんもキレキレですよね。〈日本全国の肉体関係者各位に告ぐ！〉、このフレーズの強さ！（笑）そして最後の〈インパラ野郎と女蒸す舌具デロリと憑依するオイラは死亡霊〉は**小林旭の〝自動車ショー歌〟**のオマージュですよね。

——この曲をライヴでやるときのライムスターがヒドくて大好きです。

R 「正常位 I like it 騎乗位 I like it」ってコール・アンド・レスポンスしながら……。

——宇多丸さんがその体位を取るっていう（笑）。

R 最低で最高ですね（笑）。あと〈丸くて動く大きなベッドから暗くて狭

横山剣
60年生まれのボーカリスト。クレイジーケンバンドのフロントマンを務める。「イーネッ！」の合いの手でお馴染み。

小林旭の〝自動車ショー歌〟のオマージュ
64年のヒット曲。車種名や自動車メーカー名を織り込んだ語呂合わせを歌い連ねるラブソング。同様の構成の楽曲に〝恋の山手線〟がある。

い後部座席まで〉って宇多丸さんはラップするんですけど、宇多丸さん、免許持ってないんですよ。だから想像なのか、彼女が運転してくれてるのか（笑）。俺も免許持ってないんで憧れますよ。

――免許取ろう（笑）。

R　Dさんの〈ある日の彼女のパンチライン　打ち砕く男の勘違い曰く「朝別れるのが毎回ね　いつかは昼間に会いたいね」〉……これも言われてみたい……。

――なんだその感想！

R　いいじゃないですか！

――分析じゃ無え（笑）。

R　やっぱり初めてちゃんとしたラブホテルに行ったあとは、帰り際にひとりでこれ聴きましたもん（笑）。

――地元堺の大仙陵古墳の隣にある「ホテルMYTH」ですか？（笑）

R　中学時代はこの曲をカラオケで歌うと、ラップを知らん同級生にも直撃するんですよね、ヤマトとかタクとか「肉体関係！」って大盛り上がりでしたよ。

――流石に同級生までは知らん（笑）。

R あと〝This Y'all, That Y'all with **SUPER BUTTER DOG**〟は、後々Dさんと**竹内朋康**さんのユニット：マボロシにも繋がる重要な曲で。

――Dさんが MC 母上として参加したレキシ〝**かくれキリシタンゴ**〟にも繋がっていくね。

R 個人的には、最初に聴いた〝ウワサの真相〟は、オリジナルじゃなくてこのアルバムに入ってる〝ウワサの真相 session with **WACK WACK RHYTHM BAND**〟だったんですよね。オリジナルも格好いいけど、バンドバージョンも演奏も音も超格好良くて大好きなんですよね。

――アレンジと音圧が最高ですよ。

R 〝**WACK WACK RHYTHM ISLAND**〟とか、WACK WACKとライムスターが組んだ時は、絶対かっこいい曲が生まれますね。

――**Scoobie Do**もそうだけど、バンドとライムスターの相性はすこぶる良いよね。だからこういうアルバムが出来るわけだし。

R 〝ウワサの真相〟こそ、いまになって響いてきたり、理解できる曲だと

SUPER BUTTER DOG
94年結成のファンクバンド。メンバーは永積タカシ（現：ハナレグミ）、竹内朋康、池田貴史（現：レキシ）、TOMOHIKO、沢田周一。2008年解散。アルバムに『FUNKASY』（00年）など。

竹内朋康
73年生まれ。椎名純平らと共に結成したDezille Brothersや、堂本剛のプロジェクト：ENDRECHERIへの参加など、ギタリストとしての活動は多岐にわたる。ソロ・アルバムに『Cosmos』（14年）。

〝かくれキリシタンゴ ～Believe ～feat．MC母上〟
レキシのアルバム『レキツ』（11年）に収録。

WACK WACK RHYTHM BAND
91年に結成された、ホーン・セク

思うんですよね。この曲は明確にライムスターのスタンスや、何に対してコンプレックス持ってて、何に対して怒ってんのかみたいなことを形にしてて。まずはDさんのTBHに対するアンサーじゃないか、と言われてるヴァースですけど、これは多分TBHのことだけを言ってる訳じゃないと思うんですよ。この当時、アンダーグラウンドブームじゃないですけど、一挙にアブストラクトな人らが増えましたよね。

——日本語ラップの中にも増えたし、USでも**「リリシスト・ラウンジ」**がコンピ化したり、**アンチコン**が注目されたり、メジャーミュージックになって、何百万枚と売り上げていくヒップホップに対するカウンターとしてのアンダーグラウンド、アブストラクトという波もあって。

R　アンダーグラウンドやアブストラクトが悪いんじゃなくて、BOSSさんみたいにちゃんと聴けばシンプルでメッセージが伝わりやすいものは素晴らしいと思うんですけど、ひたすら難解であればあるほど偉いみたいな、そういう風潮もあったり。

——理解できないものほどがありがたいとか。「深え〜」みたいなね。

ションを含む10人編成のファンキー・インスト・パーティー・バンド。ムッシュかまやつやザ・ブランニュー・ヘヴィーズまで幅広く共演。アルバムに『WEEKEND JACK』（98年）など。

〝WACK WACK RHYTHM ISLAND feat.RHYMESTER〟
WACK WACK RHYTHM ISLANDのアルバム『WACK WACK RHYTHM BAND』（03年）に収録。

Scoobie Do
95年に結成された「Funk-a-lismo!」をテーマにするファンク・バンド。メンバーはコヤマシュウ、マツキタイジロウ、ナガイケジョー、オカモト〝MOBY〟タクヤ。ライムスターとは〝音楽は素晴らしい〟（06年）や〝What's Goin' On〟（06年）など楽曲やライヴで共演多数。

R　「深え〜」って言ってる自分が気持ちいいみたいな。**Dさんのヴァース**は、そこにメスを入れてたと思うんですよね。確かにBOSSさんへのアンサーの部分もあると思うんですけど、その後に第五回のTBH回で話した和解に繋がるんで、全部併せて聴いて欲しいですね。それから〝耳ヲ貸スベキ〟って言ったのに、はなから耳を貸す気がない連中に対しての怒りだったりを、超テクニカルに踏みながら吐き出したり。こういう意識は『Egotopia』の〝悪趣味節〟でも表れてるし、ライムスターは、日本人がラップすることに対して向けられる偏見や嘲笑に対して、ずっと真正面から立ち向かい続けてますよね。アンダーグラウンド化するのって、偏見に対してアーティストが「分からん奴はアホやから放っておく」って態度からも生まれると思うんですよね。

――「分かる人だけに」という態度がまさに信者を生んで、タコツボ化しちゃう。

R　でもライムスターは、偏見に対して真正面からアンサーすることで、理解と裾野を広げる作業をずっとしてると思うんですよ。**宇多丸さんがこの曲でメッセージするように**、「アメリカが本場だ」ってありがたがるんじゃなくて、日本も含めた「現場」以外に「本場」なんてのは存在せーへんぞっ

「リリシスト・ラウンジ」
91年からニューヨークで催されたイベント。ラッパーがオープンマイク形式でラップを披露する登竜門的な場所に。インディレーベル「Rawkus」からコンピレーションアルバムが多数リリースされている。

アンチコン
98年に創設されたロサンゼルスのインディーズ・ヒップホップ・レーベル。実験的でアヴァンギャルドなヒップホップを志向するアーティストが集う。ラッパーのドーズワンらが主宰。

Dさんのヴァースは
〝ウワサの真相 featuring F.O.H〟の1分12秒〜1分41秒を参照。

て言ってくれたことで、どれだけ日本でラップすることに対して勇気が持てたか。この先のリリックも、日本でラップすることに対して悩んでる人たち、日本でラップ聴いてる人たちに勇気を与える内容やし、ライムスターも自分たちに言い聞かせてたと思うんですよね。俺もUSのラップも聴くし、取り入れたりもするんですけど、あくまで並列に取り入れることは心がけてて。

――「南蛮渡来のありがたいスキルじゃ～」じゃなくて（笑）。でも、未だにUS至上主義みたいな人はいっぱいいるよね。

R 宇多丸さんは**〝ガラパゴス〟**って曲でも、文化は輸入も輸出もされるし、パクリ、パクられの繰り返しだから、「ホンマの文化」なんてのは厳密には無い、全部ごちゃまぜなのが文化やと言ってるんですよね。だから、日本語でラップすることも堂々と胸張ったらいいねんっていうのをこの曲で言ってくれてるから、俺はいまだに心強く思うんですよね。

思考し続ける灰色の脳細胞

R 話を次のアルバム『グレイゾーン』に移すと、これは「俺がラップやろ

宇多丸さんがこの曲でメッセージするように
〝ウワサの真相 featuring F.O.H〟の2分28秒～2分48秒を参照。

〝ガラパゴス〟

ライムスターの10thアルバム『Bitter, Sweet & Beautiful』（15年）に収録。

うと思ったキッカケ」の一つになったアルバムですね。まずオープニングの〝スタンバイ・チューン〟は、ふたりとも「スタンバイ・チューン」でずっと韻を踏み続ける壮絶な曲で。この中の宇多丸さんの〈たちまち団体ムードに流されがちのイカンタイプ なオレゆえ賛成の反対するノダ〉っていう言葉がこのアルバムを象徴してると思うんですよね。

――流されがちな人を批判して、「俺は流されない！」っていう頑固さがラッパーのイメージであるとしたら、宇多丸さんは「自分は流されがち」って認めてるんだよね。

R ライムスターってことごとく嘘をつかないんですよね。確かに誇張とか盛りの美学、物語的な虚構はアリやと思うし、それはライムスターにもあるんですけど、自分に嘘はつかない。すごく真摯に、自分のスタンスに対して正直なんですよね。それ故に、自分たちは白黒はっきりさせて決めつけることはしないし、断定しない、「賛成の反対」っていう「グレイゾーン」であるとラップするんですよね。

――「白黒はっきりさせる」もラッパー的な言説ではあるんだけど、それをライムスターはしないと。

R　ライムスターは何かを決めつけたり、片方に偏って人を断罪するってことはしないんですよね。それはライムスターの人間性とも重なってると思うし、そこに影響を受けて、俺もこういう人間になったんだと思います。しかも最近はより「白黒ハッキリするべき！」みたいな感じが、世の中の空気的にあるから、余計にこの「グレイゾーン」って考え方は大事やなって思うんですよね。

――「グレイゾーン」って、白黒両極で思考停止しないで「考える」ってことだし、考え続けましょうっていうメッセージだよね。

R　まさしく。だから〈マシな道　いつでも考え中〉なんですよね。白と黒、0と100の真ん中で、どっちも疑いながら、どっちも信じようとしながら、ベターな方向を思考するというか。正直、人は言い切られてしまうと楽やし、決めつけるのも快感なんですよね。ラッパーもそういう作用を利用したり、人を勇気づけるために極論を言ったりしますよね。

――それがパンチラインとしての強さも補完するし。

R　ここ最近でいちばん話題になった言い切るパンチラインは、BAD HOP “Kawasaki Drift” の〈川崎区で有名になりたきゃ　人殺すかラッパーになるかだ〉。

――暴論すぎるよね（笑）。アルコ＆ピースの酒井さんみたいに芸人になる道だってあるし、lyrical schoolのｈｉｍｅみたいにアイドルになったっていいし。

R　でも、あんぐらいパーンと言い切った方が、パンチラインになるし、俺もあのラインは大好き。だから俺もそういう思い切りだったり、悪い言い方をすれば無責任なパンチラインを、バトルや曲の中で言うこともあって。ただ、そういう状況があるからこそ、逆説的に言い切らない、「考え中です」、「グレイゾーン」だって言うこと自体が、ライムスターのパンチラインになったと思うんですよね。そして、それが非常に日本人的な感性なのかなとも思って。

――グレイゾーンっていう考え方は、どっちつかずだったり、旗幟を鮮明にしない「玉虫色」みたいなネガティヴにも受け止められる日本人的性質と思われそうだけど、ライムスターの言う「グレイゾーン」はただ単に曖昧にし

BAD HOP “Kawasaki Drift”
BAD HOPのアルバム『BAD HOP HOUSE』（18年）に収録。

lyrical school
yuu、minan、hime、hinako、risanoの5人組ヒップホップ・アイドルグループ。10年にtengal6として結成し12年に改名。17年から現在のメンバー体制で活動中。最新作に『BE KIND REWIND』（19年）。

たり、結論を先延ばししてる訳ではないし、正解までの思考過程であるってことだよね。

R　フィールド的にも、白か黒かではっきり黒に行ったブッダやニトロ、ガッツリ白に振り切った**キック・ザ・カンクルー**とか**リップ・スライム**があるけど、その間には、グレイであるライムスターがいないと、やっぱバランスは取れないと思うんですよね。そういうヴァースに加えて、〈万歳するより犯罪するよりMANZAIするように散財するためにはまずヤバいライブするしかねぇのさマイ・ライフ〉と、「結局、ラッパーとしていちばん大事なのはラップが巧いこと、ライヴが巧いこと」っていう結論に至るのも、個人的に影響を受けてますね。「思考」「イメージ」で終わらず、ちゃんと「肉体」「ライヴ」に吐き出して終わるっていう体育会系性は、オシャレとかナード、アンダーグラウンドみたいな、雰囲気を隠れ蓑にしてごまかさないで、腕っぷしというパフォーマンス力がちゃんと必要だというメッセージだと思う。だから俺も入り組んだリリックや、うじうじした内容も書くけど、結局、それを吐き出すのは肉体的なライヴであり、ライヴでちゃんとお客さんぶちあげれない

キック・ザ・カン・クルー
97年にデビューした、LITTLE、MCU、KREVAによるラップグループ。ライムスターらとヒップホップユニット：FUNKY GRAMMAR UNITを構成。MCUとLITTLEは二人のユニット：UＬとしても活動。02年には代表曲〝マルシェ〟を発表し、紅白歌合戦に出場。04年の活動休止からはライヴなどで度々リユニオンしていたが、17年に本格的に活動を再開。新作『KICK!』をリリースし全国ツアーを開催した。

リップ・スライム
94年に結成されたRYO-Z、ILMARI、PES、SU、DJ FUMIYAによるラップグループ。ヒップホップ・クルー：FUNKY GRAMMAR UNITに所属。02年の『TOKYO CLASSIC』はミリオンヒットを記録するなどメジャーシーンで活躍。18年に活動休止。

と、何も意味ないっていうのは、ライムスターから学んだ部分が大きいですね。

――このアルバムは社会批評性もすごく強くて。ポリティカルだったり、社会の現状確認みたいな内容は、ずっとライムスターが一貫してテーマにしてきているれど、このアルバムはそれがかなりむき出しの形で描かれている。

R　〝現金に体を張れ〟も、メイクマネーものをライムスターのフィルターを通すとこうなるっていう。ヒップホップにおけるお金の話って、俺の銀行口座はパンク寸前やとか、札束の風呂にみたいな、基本大振りじゃないですか（笑）。でもこの曲ではすごく身近なお金の話をする。

――お金を通した社会や経済に対する批評だもんね。**〝続・現金に体を張れ〟**はさらに批評性が高い。

R　この曲のDさんのフロウも微妙に進化していってて。この曲だと、メロディがしっかりついてるわけじゃないんやけど、真似しろって言われたら真似できる、メロディとしても解釈できるフロウになってるんですよね。それはDさんが文章やフロウの譜割りを、大きな幅で見始めたからだと思うんですよね。「ホーリデー」「オゴーリでー」とか、伸ばし棒が多くて、長くて大

〝続・現金に体を張れ〟
ライムスターのシングル『現金に体を張れ』（03年）のB面曲として収録。DJ JINのシャウトも聴きどころ。

きな譜割りで、ひとつのメロディーとかフロウを見てる。でも宇多丸さんは細かい譜割りで見てて、それが二人のフロウの違いに表れてくるんですよね。例えば〈まかせろまかせろ 不安なんかゼロで死んだ瞬間 ジャスト残高ゼロで結構!〉は、「E・O」の母音で言葉を刻んでいくんですよね。

——細かく縦に刻んでいくんだよね。

R そこにもたらせたり、畳み掛けたりを加えて。この時期と『HEAT ISLAND』の時期が、宇多丸さん史上いちばんフリーキーな、入り組んだフロウをしてた時期だと思うんですよね。この曲のサビは、ザ・Dさん節というか。

——Rくんの感じるDさん節とは?

R 洋楽のメロディぽくないんすよね。かといってJ-POPのメロディでもない、すごい独特なメロディやったり、フロウを生む人というか。だからこそサビ番長というか。客演で呼ばれてもサビを歌ってることが多いと思うんですよね。且つ、ラップと歌の中間というか、フロウ過ぎもせず、歌過ぎもせず、みたいなのが、Dさん節なのかなって。で、俺がいちばんラップしようって思ったきっかけの〝ザ・グレート・アマチュアリズム〟。この曲を聴いて、ホンマにラップをやろうと思ったんですよ。メッセージはもちろん、宇多丸さんの〈スッゲー敷居低い歌唱法〉っていうリリックもそうやし、Dさんの〈プロの看板下げたNo.1ファン〉もそう。アメリカの真似、日本人のラップなんて、不良じゃないのに……そういう色んな雑音の中で、素人のまんま、ファンのまんまでもいいから、とにかく好きならやってみろっていうメッセージに、俺は背中を押されましたね。周囲を気にするより、行動することのほうが尊いというか。

――この曲に背中を押されて、ラップを始めた人は多いだろうね。

R それに続く〝だから私は酒を呑む〟の〈口だけ達者「現代っ子」「モヤシっ子」「ひとりっ子」で「鍵っ子」〉でダメ押しでしたね。これ俺やん！ って(笑)。初めてラップで「俺やん！」って思えたんですよ。もちろん宇多丸さんが自分のことを言ってるんだけど、俺も自分のことのように思えた。それはすごく衝撃でもあったんですよね。

――パーソナリティとリンクしたんだ。

R　ラッパーで一人っ子って、宇多丸さん、キック・ザ・カンクルーの**MCU**さん、SHINGO★西成さん、そしてKダブさん……。

――それで宇多丸さんとKダブさんは親友なのかな（笑）。

R　で、俺。

――ちなみに俺も一人っ子です。

R　まじっすか。このイベントはそういう企画だったんすね（笑）。

――このアルバムは政治性や時事性が強いよね。おそらくいまのライムスターが〝だから私は酒を呑む〟を作るなら、ここに〈一方じゃ激安タカ派的正義　に酔ってます赤ら顔二世議員　ザコに限って威勢はいい〉みたいな、唐突とも言える政治的なメッセージは入れなかったと思う。でも、このときは時事性や政治性も色んな部分にまぶされていて、すごくドキュメンタリー的な感触があるとともに、２０１９年の状況を予言しているような内容にもなっていて。特に〝フォロー・ザ・リーダー〟の予言性は空恐ろしくなる。

R　〝９１１エブリデイ〟だったり、日本はどうなってしまうんやろうっていう危機感は強いですよね。９１１やテロ、戦争に関しては、この曲も

MCU
73年生まれのラッパー。キック・ザ・カンクルーのメンバー。ソロとして『A Peacetime MCU』（05年）のリリースの他、アルファらと結成した東京U家族や、FLYING KIDSの浜崎貴司とのマツリルカなどユニット活動も行っている。ゲーム好きで知られる。

そうやし、DJ HAZIME **〝いのちのねだん feat.RHYMESTER〟**、マボロシ**〝マボロシのほし(EARTH-GO-ROUND)〟** でも言及されていて。

――それも啓蒙、啓発的だし、「考える」キッカケをリスナーに与えてるよね。

R そしてアルバムのラスト前の〝グレイゾーン〟で、このアルバムのテーマを明確に言葉にするんですよね。〈危険だ! その錆び付いたシーソー 右も左も危なっかしいぞ〉。「シーソー」は「思想」ってことですよね。だから右か左か、左翼か右翼に偏るのは危ない、だから〈数段上のグレード Welcome to the グレイゾーン〉っていう、もうちょい高いレベルで考えてみよう、それが「グレイゾーン」ってことなんですってラップする。

――つまり**止揚**するってことなんだよね、「グレイゾーン」は。

R 宇多丸さんは特にそういう目線で歌ってるんですけど、Dさんは1ヴァース目でラッパーとしての視点で、そのグレイゾーンを歌うんですよね。

――なぜか母ちゃんに報告するという。

R これがヒップホップですよ(笑)。

――**〝Dear Mama〟** 的な(笑)。

〝いのちのねだん feat.RHYMESTER〟
DJ HAZIMEのアルバム『AIN'T NO STOPPIN' THE DJ』(04年)に収録。

〝マボロシのほし(EARTH-GO-ROUND)〟

マボロシの1stアルバム『ワルダクミ』(04年)に収録。

止揚
アウフヘーベン。対立する、相反する、矛盾する2つのものを、より高い次元で発展的に統合させること。ヘーゲル弁証法の概念。

R　Dさんはラッパーになるって言った時、お母さんに勘当されたんですよね。Dさんのお母さん、むかし民謡歌手としてデビューしてた時期があったんですって。それで、お母さん的には芸能界は大人の汚い欲望にまみれた世界だって感じたみたいで、Dさんが音楽やるよってこと言ったら、出ていきな！　って。

——そしたら弟のKOHEI JAPANさんまでラッパーになっちゃった（笑）。

R　でも後には勘当も解けて、「WANTED!」にお母さん出てきて、〈アンタたちも超ドープよ〉ってお母さん本人が言ってくれるっていう回もあって（笑）。

——ははは（笑）。それ知らなかった。

R　歌詞も最高なんですよね。〈オレの仕事は本場モンの翻訳じゃない〉ってフレーズは、梅田サイファーの〝マジでハイ〟で自分なりの解釈も加えてサンプリングさせてもらってます。

〝阿婆擦れ〟と〝We LOVE Hip Hop〟

R　……うわ！　もう時間ない！　駆け足になるんですけど、『HEAT ISLAND』

〝Dear Mama〟
2PACの3rdアルバム『Me Against the World』（95年）に収録。17歳で自分を勘当した母への感謝と愛をラップした曲。

KOHEI JAPAN
71年生まれのラッパー、トラックメーカー。K.I.Nらと共にMELLOW YELLOWを結成し、ライムスターやEAST ENDらとクルー：FUNKY GRAMMER UNITを構成。ソロとしても活動し『大人チャレンジ』（10年）などの作品をリリース。

は『グレイゾーン』と真逆のイメージなんですよね。客演も多いし、どっちかといえばお祭り騒ぎな感じで。その中で3曲目の〝逃走のファンク〟は、ひたすらラップが巧くて、もはや美しい（笑）。Dさんは**ヴァース頭から最後まで**「O・U・I・O・U」の母音で踏み続ける。で、**耐え難い状況を色々書きながら**、それに対して根性論で頑張るんじゃなくて、逃げちまえと。いまの状況がしんどいなら、俺らの音楽でもいいし、俺らのライヴでもいいし、もっと物理的な逃避でもいいから、そこから「逃げ」るっていう手段を提示しているんですよね。ただ、そういう逃げの手段として自殺を選んでしまう人もいるかも知れないけど、そうじゃなく気持ちいい逃避をしようと。それが音楽でありエンターテインメントだって表現するのがライムスターの粋なところですよね。

——マチズモや精神主義、その逆にあるサブカル的な厭世観に対する回答でもあるよね。

R　あと大名曲やと思うのは〝けしからん〟。Dさんが全体的に声に力の入ってない、フニャフニャな声とフロウでラップしてるのに、キレキレっていい

ヴァース頭から最後まで
〝逃走のファンク〟の1分29秒～2分21秒を参照。

耐え難い状況を色々書きながら
〝逃走のファンク〟の0分20秒～1分12秒を参照。

うのは、もはやＴＲＡＰ系のラップを先取りしてたんじゃないかと。ライムスターの大事な要素として、ふざけるっていうのがあると思うんですけど、『HEAT ISLAND』は曲数の多さもあって、その部分ががっつり入ってて。〝BEDZONE〟もキレキレなのに歌詞が全体的にずっとひどい。まずＤさんの〈イジメて！　して言葉攻め！　だって作詞業でしょ？〉

――どんな相手だっつーの（笑）。

R　ラッパーだからって行為の途中にそんなこと言われたら、もう萎えに萎えますよ。でもそれをしてあげる兄さん、優しいですよ（笑）。ただ言葉責めの内容が……。

――全然エロくない。単なる鬼のようなディス（笑）。

R　でもこの後、相手は満足してるっぽいですから（笑）。宇多丸さんのヴァースも、まあ、要はちょっと男が早くイッちゃうって内容なんですけど、そこで宇多丸さんが唱えるのが、〈自分の相撲！　自分の相撲！〉（笑）。

――集中力を高めるために。

R　俺もちょっとこれ真似したことあります。

――効果あった？

R　え？　いや、まぁでも（笑）。で、〝Best Kept Secret〟では、フィクションで物語が書かれるんですけど、当時宇多丸さんがよく言ってたのが、歌詞はもっと攻めてもいいと思うってことで。実体験じゃ無くて、フィクションでもいいから、もっとドキッとするような歌詞は必要だし、それを目指して書いていたと。そういう曲があるかと思えば、すごくストレートにメッセージを書いてるのが〝We LOVE Hip Hop〟。

――ライムスターのヒップホップ観が明確に出てるよね。

R　例えば僕らの**〝阿婆擦れ〟**みたいな、どこか自分のモンにはなりきらないけど、それがいいんやっていうヒップホップに対する意識は、完全にこの曲に影響を受けてますね。宇多丸さんのヒップホップが好きじゃなかったら、ヒップホップをディスる側に回ってたかもしれへんっていう、ヒップホップが苦手っていう人への視点も興味深いですね。

――その気持ちはすごく分かるよね。

R　俺も性格的にはヒップホップ的なマッチョさや不良性とは正反対の人間

〝阿婆擦れ〟
ミニアルバム『よふかしのうた』（19年）に収録。

Breakthrough
05年に結成されたDJ JIN、DSK Invisible、Masaya Fantasistaによる結成されたDJ、プロデューサーユニット。『BREAKTHROUGH』（05年）には リップ・スライムやBahamadiaなどが参加。

〝ONCE AGAIN〟

09年に発表されたライムスターのメジャー10thシングル楽曲。07年の活動休止からの2年ぶりのカムバック作となった。

やし、ヒップホップに縁がなかったら、嫌悪感を示したかも。ライムスターもそうだろうし、だからこそ、その目線をちゃんと理解した上で、こういう曲を作れるんでしょうね。この目線があるから俺はライムスターが好きやし、影響を受けたんですよ。

――このヒップホップを音楽で言えばメタルとか、もっと大きく言えば国とかにも置き換えることが出来る普遍性があるよね。

R　BOSSさんがライヴのMCで「俺の曲でヒップホップって言ってる部分は、ロックとかパンク、レゲエとかに置き換えてもらっても意味通るように書いてる」って話してて。同じようにライムスターも自分の好きなもの、愛情のあるものに置き換えても意味通るように書いてる。だから今は邂逅しましたけど、ぶつかってたライムスターとTBHは、根っこが近いというか、アウトプットの仕方が違うだけで、本質は一緒なのかなっていうのは思いますね。

――今回は00年代のライムスターということで、客演やソロワーク、マボロシや**Breakthrough**まで話しつつ、09年の〝**ONCE AGAIN**〟で話を終える

Dさんとジブさんのタッグ
MAKI&TAIKI〝末期症状feat.MUMMY-D,ZEEBRA〟（95年）、DJ HASEBE〝アイスピック feat.MUMMY-D,ZEEBRA〟（96年）、DJ HASEBE〝MASTERMIND feat.ZEEBRA MUMMY-D〟（00年）、ZEEBRA〝Do What U Gotta Do feat.AI,安室奈美恵&Mummy-D〟（06年）など。

宇多丸さんとKダブさんとOASISさんのタッグ
DJ OASIS〝社会の窓（キ・キ・チ・ガ・イ PART II）feat. 宇多丸〟（00年）、DJ OASIS〝キ・キ・チ・ガ・イ feat. 宇多丸 & K DUB SHINE〟（01年）、DJ OASIS〝世界一おとなしい納税者（カモ）feat. 宇多丸〟（04年）、他にもK Dub Shine＋宇多丸 feat. Deli〝物騒な発想（まだ斬る!!）〟（14年）など。

という美しい設計図を考えてたんですが、3時間以上話しても、ライムスター本体で時間切れだったし、最後は駆け足になってしまいました。

R　取り上げるのはどれか1枚のアルバムで良かったかもな～（笑）。タッグで言えば、**Dさんとジブさんのタッグ**、**宇多丸さんとKダブさんとDJ OASISさんのタッグ**みたいなのもあるし……。それにマボロシの話をしないと、**『マニフェスト』**以降の10年代の話も出来へんし……。

――**〈延長戦ファミレスに持ち越し〉**ということもできないので（笑）。

R　今後のイベントでマボロシを含めた「00年代のライムスター外部仕事」は絶対取り上げたいと思います！

『マニフェスト』

10年に発表されたライムスターの7thアルバム。

延長戦ファミレスに持ち越し
ライムスター〝ビッグ・ウェンズデー feat. MAKI THE MAGIC〟のリリック。

対談

Mummy-D×R-指定

PROFILE

Mummy-D

1970年横浜市生まれ。ヒップホップ・グループ「ライムスター」のラッパー、サウンドプロデューサー。1989年、宇多丸と出会いグループ結成。その頃の日本にはまだ、ヒップホップ文化やラップが定着しておらず、日本語ラップのやり方、どのような内容のラップをすれば良いのかなど、宇多丸と試行錯誤を重ね、精力的なライブ活動によって道を開き、今日に至るまでの日本のヒップホップシーンを開拓・牽引してきた。

だから語り明かそう

——今回は『Rの異常な愛情』単行本のエクスクルーシブ対談ということで、ライムスターからMummy-Dさんをお迎えいたしました。

R 今回、なんでDさんと対談させて頂いたかと言うと、**『人間交差点』**の時に「ちょっとラップの話しようよ」ってDさんが言ってくださって。

D そうね。

R 俺も細かい技術論みたいな話をさせて頂きたいなってずっと思ってたんで、この機会に伺えればなって。

D うん、話そうよ。でもその前に、そもそも、この「Rの異常な愛情」ってどんな企画なの？

R 俺が今まで聴いてきた日本語ラップの魅力を語るっていうイベントなんですけど、いわゆる「日本語ラップ史」みたいな内容じゃなくて、ライミングの妙とかパンチライン、フロウとかサブジェクトみたいに、スキルや構成の部分だったりに対して、俺が超個人的に感銘を受けた部分や内容を、ひ

『人間交差点』
「RHYMESTER presents 人間交差点」。15年から行われているライムスター主催のフェス。Creepy Nutsは19年に出演。

たすら語り倒して行くっていう。それでこの前は「00年代のライムスター」っていうテーマでも話させてもらって。

D それをどれぐらい喋るの？

――「00年代のライムスター」は3時間半を超えましたね。

D ハハハ。すごいね～。

R それでも全然時間が足りなくて。本当はマボロシとか客演の話もしたかったんですけど、00年代のオリジナルアルバムだけで時間切れで、全然まだ話足りなくて。

D お客さんはどんな感じで聴いてるの？

――かなり真剣に聴いて頂いてますね。メモを丹念に取ってらっしゃる方もいて。まあ、時折寝てる人もいますけど（笑）。でも、会場のキャパが150人超なんですけど、3回目ぐらいからチケットも瞬殺になっていて。

D いや～、好きな人いるんだなぁ。中途半端はダメだけど、それだけマニアックだと成り立つっていう。

R ハハハ！

D　でも、嬉しいよね。こういうことって伝えていかないと、歴史に残んなかったりするから。

R　時代の流れによって、（こういった言説が）無くなってしまうのが嫌なんですよね。作品はもちろん残るんですけど、「何が上手かったのか」「何がこの時すごかったのか」みたいな部分は残りづらいじゃないですか。

——新奇性やファン目線として感じる凄味みたいなものは残りづらいよね。

R　自分としても、ファンとしてライムスターの曲を、ギドラの曲を、般若さんの曲を聴いて、自分で勝手に考察するのが、遊びとして楽しかったんですよね。聴いて楽しい、ライヴ見て楽しい、考えても楽しい……それが俺の中でのヒップホップ。だからこのイベントも、「これが正解」とは思って欲しくなくて、「俺はこう思うんやけど、どうでしょう?」って感じなんですよね。それで、このイベントに来てくれた人が、自分で考えてもっと勝手に深読みとかして欲しいなって。

——そこにライミングの話とか、Rくんなりの分析を入れて貰って、お客さんに解説と妄想を伝えるという企画なんですが、このイベントのグッズのデザインも手掛けてくれている、梅田サイファーのテークエムくんがこのイベントを観に来てくれた時に、「こういう話を俺はイベント終わりにひたすら聞かされて、『もうタクシー代を渡すから帰ってくれ』と思うような話を、みんなお金を出して観に来てるっていうのは、なんて異常な状況なんだ」と慄いてました（笑）。

D ハッハッハ。

R こないだも梅田サイファーでライヴがあった時に、「複数MCのグループで、この曲のこのサビは誰が作ってるか」を予想しあってたんですよね。「これはメロディがクレバさんで、韻がLITTLEさんでしょ?」「でもこの思い切りのあるフレーズはMCUさんかも知れん」って。しかもコンビニの前で。それで気づいたら4時間ぐらい喋ってて「あかん、もう帰ろう」みたいな（笑）。

D キモいわ〜。

R キモいんですよねぇ。

——そういうイベントなんです（笑）。

R あと、俺も普通にヘッズとして対談とかインタビュー記事を読むんですけど、作品について語られる時、なかなか細かいリリックの構成だったり、ライミングについては語られづらくて。それよりも、ゴシップとかバックボーン、流行り廃りとかの変化みたいなみたいな話が中心になるじゃないですか。でも、俺はホンマにラッパー仲間と「ここの韻の展開が」「このリリックは実はこの部分と掛かってて」みたいな話ばっかりしてたんで、その話をリスナーの人にも聴いて欲しいと思ったんですよね。

D　その分析は同業者じゃないと難しいよね。

R　そうなんですよ。やっぱラッパーじゃないと分からない部分も話したくて。

――ライターはプレイヤーではないし、時間やメディア的な制約もあるので、どうしても「この曲にはどんな思いがあったんですか？」みたいな大枠の話だったり、「この曲がシーンや社会に与えたインパクトは？」といった、より広範なリスナーに伝わる内容にインタビューがなりがちなのは、不徳の致すところでもあるし、同時に間違ってはいないとも思っていて。ただ、当然プレイヤー側の視点が欠如するきらいがあるのは間違いないので、その部分をより色濃くRくんに話して貰うというのが、このイベントの趣旨でもあって。

D　なるほどね。面白いね。

R　種明かしみたいな感じでもあるので、あんまり詳らかにするのもどうなのかなとも思うんですけど、ラップの技術ってあまりにも流行り廃りのサイクルが早いし、忘れ去られてしまうことも多い。だから「この時代にこんな発明があった」っていう分析だったり、「今は普通やけど、この人のラップはすごい技術革新やったんです」っていうことをちゃんと伝えていきたいなって。

D　頑張って積み上げてきたものも、「それは古い世代のもの」みたいに扱われたりもするもんね、たしかに。

R　DさんがRYO-Zさんとやったラジオで、「若いラッパーに『まだ韻踏んでるんですか』みたいに思われてんだろうな、俺たち」って話されてて。

D　ライミングに対するこだわり、ライミングにこだわること自体がそもそも古いみたいな風潮もあったからね。

R　確かに一時期、同世代とかちょっと上の先輩たちが「ライムとか韻はもういい」みたいな時代がありましたよね。

D　あったあった。

RYO-Z
1974年生まれのラッパー。リップ・スライムのメンバーとしての活動に加え、TERIYAKI BOYZ®、アスタラビスタのメンバーとしても、そしてDJ FUMIYAと共にプロデュース・チーム：O.T.F.（オシャレ・トラック・ファクトリー）を立ち上げ、HALCALIを手掛けるなど、活動は多岐にわたる。

R　でも、やっぱりライミングによって素晴らしい歌詞展開や楽曲が生まれていってるから、俺は「それってすごくない？」っていうことを共有したいんですよね。

――「00年代のライムスター」で話したのは、やっぱりライムスターは韻をサボらないということで。

D　でもそれは時代によるよね、俺は最近はそんなにライミング中心で歌詞書いてないし。

R　それはマボロシによる変化ですか？

D　そう。よく知ってんじゃん（笑）。

R　前回は、00年代のライムスターの動きに対するカウンターとしてDさんにはマボロシがあって、そこでの経験が『マニフェスト』に繋がるんじゃないか、っていう分析を本当はしたかったんですよね。まず構成的な部分だと、『ワルダクミ』は、スタンスや視点という意味で、ライムスターとは別の方向に進まれてたし、『ラブシック』はほぼ全編ラブソングっていう、ライムスターではやってなかったアプローチをされてて。

D　それこそ「ベイビー」って初めて言ってみようかな、みたいね。

R　そういう風に、マボロシによってDさんの歌詞の書き方とかラッパーとしてのリリシズムが、ライミングも含めて別のベクトルにも広がって、それが『マニフェスト』の歌詞に繋がるんじゃないだろうかと。

D　そうだね。〝ONCE AGAIN〟から、言いたいことが最初にある時は、そんなに韻に拘らずに、そのままメッセージを出そうって感覚になったんだ。そん時そん時でやるべき課題は当然違うんだけど、『マニフェスト』においては、ライミングありきで曲を作ると届かないメッセージもあるし、ライミングはちょっと後回しにしようって。でも、その時は「Mummy-D、韻が甘くなった」とかすげぇ言われたよ。

R　ああ〜。でも最近の作品でもめちゃ固く踏む時は固く踏むじゃないですか。

D　まあ、韻が出ればね。出りゃ使いますよ（笑）。

R　あと踏んでないと言いつつも、言葉の符割りというか、言葉の持ってるグルーヴが同じ言葉を、等間隔に並べてたり。

D　フフフ。気持ち悪いな〜お前は（笑）。でもそうだね。

R ですよね。そうやって常に色んな手段を試されてはるなって。

D リズムを生み出すために、グルーヴを生み出すためにラップしてんのに、その「手段」が「目的」になっちゃってるような時期もあったから、そうやって自分で揺さぶりかけてんだよね。「それでいいのかな?」みたいなさ。

R 自分の生み出したものをまた別角度で見てちょっと疑ってみるみたいな。

D そうそう。「ラップって何だっけ?」とかいちいち考えるしさ。

――それは今でも?

D 今でも。「こうすれば、大体こうなる」みたいなことが想像出来ちゃうから、そこでルーティンにならないためにも、自分に揺さぶりかけてるよ。例えば、あえてリズムを刻まないとか、喋りの延長がラップになる瞬間みたいな感触を目指してラップしてみたりとか。

R 喋りながらリズムを刻むとか、むちゃくちゃ早口でラップするとか、いろんなことを全部試してるなっていうのは、ライムスターから感じることで。この前のトークでも、〝グッド・オールド・デイズ〟で、Dさんと宇多丸さんがキャラクターとして喋ることによって、そのキャラの特性がフロウになるっていうすごさについても話したんですよね。Dさんが理解あるお父さんとして〈待ちなさい 座りなさい〉って威厳を持って喋る流れも、それがフロウになっていくみたいな。

D あれはクリーピーっぽいかもしれないね。

R 逆ですよ。俺らがライムスターの影響受けてるんですよ（笑）。それに、あの曲は単純に大好きなんですよ。あの曲みたいに誰が聴いても面白い話っていう部分は、俺が日本語ラップにハマったきっかけやったし、それを受け継ぎたい、って言ったらおこがましいんですけど……。

D いやいや。受け継いでよ。

そしてラッパーは歌い出す

R あと、マボロシで強くなったラップと歌の関係性っていう話で伺うと、俺らの世代は、特に俺なんですけど、いわゆるハードコアなヒップホップも、オーバーグラウンドなヒップホップも隔たりなく聴いてた世代なんですね。梅田サイファーのラッパー仲間たちもそういう聴き方やったし、多分、同世代の唾奇やCHICO CARLITOもそうなんですよね。

D へ～。

R ライムスターやキングギドラを中心にしつつ、降神とかMSCも聴きつつ、リップ・スライムもキック・ザ・カン・クルーもケツメイシも聴いて、みたいな。だから、〝公開処刑〟を真に受けて「ポップなラップを聴いたらあかん！」とは思ってるけど、カラオケで**ORANGE RANGE**入れられたら実はちゃんと歌えるみたいな(笑)。

D そういう風潮があったからね。特に90年代は、ヒップホップは村社会だったし、自分たちの正当性を示す為に、ちゃんとライミングしてないやつはフェイク、歌混じりでやってるやつはセルアウトみたいな、そういう閉鎖的な文化があった。あの当時は、マスに自分たちが立ち向かうためには、そういう戦い方が必要だったから、それもしょうがないんだけど。だからクレバもサビで歌ったりして、叩かれてたよ、やっぱ。

――キックのヒット曲って、そこまで歌フックじゃなくて、ラップフロウの延長ぐらいの感触なんですよね。でも、クレさんが〝希望の炎〟で、オート

ORANGE RANGE
01年に結成された沖縄出身のロックバンド。

チューンを使って、完全に歌の方向に寄せた時は、やはり驚きました。

D すごいなと思ったよ。俺だって「歌いすぎじゃねぇか?」と思ったぐらいだから。でも結局**ドレイク**が出てきたことによって、クレのやってたことが正解だったのが証明されちゃった(笑)。

R 俺の記憶が正しければ、2009年、2010年辺りぐらいから、それまで歌ってなかった色んな人が歌い出したんですよ。それを聴いて「あっ!? 歌った!」「おまわりさーん! この人歌いました!」って(笑)。

——ヒップホップ警察だ(笑)。

R **SD JUNKSTA**で言ったらBRON-Kさんとか、**Da.Me.Records**で言ったら**TARO SOUL**さんみたいに、クルーの中に歌やメロディ担当っていたと思うんですよ。でも、その中で頑なに歌わなかった**KEN THE 390**さんも**"Dream Boy"**で遂にサビで歌ったんですよね。それがリリースされた瞬間、「KENさんが歌った!」って。そのニュースは大阪中に響き渡りましたよ。

——俺も『Dream Boy』のインタビューで「歌が聴こえた瞬間はちょっと笑ったけどね。『頑なに歌わなかったKENが遂に歌った!』って感じで」ってK

ドレイク
カナダのトロント出身のラッパー。09年に発表したEP『So Far Gone』でブレイク、翌年のデビューアルバム『Thank Me Later』から8作連続で全米チャート首位を記録。歌と地続きのラップスタイルは世界的な流行に。

SD JUNKSTA
NORIKIYOやKYN、TKC、BRON-Kなどを擁する相模原/相武台のクルー。アルバムに『GO ACROSS THA GAMI RIVER』(09年)。

Da.Me.Records
04年に創設されたダースレイダー主宰のインディーズ・ヒップホップ・レーベル。METEOR、環ROY、KEN THE 390、TARO SOUL、大和民族、COMA-CHIなど、個性豊かなアーティスト陣を輩出した。アルバムを1000円で売る「1000

ENに話してる（笑）。

R　やっぱり驚きましたよ。

——Dさんは、自分たちをプロテクトする意味や、ポップスではないと定義付けするためにも「歌わない」という選択があったと思いますが、あえて使わないだけで、選択肢の中には「歌う」というアプローチはあったんですか？

D　歌えるんだったら歌いたいっていう気持ちもあったよ。でも歌えないっていうか、自分は歌う能力が無いと思ってたし、だからこそ俺らはラップするんだってことから、ラップを始めてるから。それに周りに歌っぽいフロウっていうか、クレとか**PES**みたいにメロディが書けて歌えるやつはいたから、歌はそういう人がやればいいんだって思ってたのよ。でも一方で、なんとなくトラックのコードに合わせたキーを取りながら、ラップの音程は取ってたわけで。

——ラップにもキーは必要ですからね。

D　俺も宇多丸さんもラップのキーは取れるから、全く音楽的じゃないわけでは無いし、そこで音楽的な整合性も取ろうとはしてて。だけど、そこで生み出されるものが、「ラップサビ」なのか「歌サビ」なのかは、微妙なところで。

円シリーズ」や、CDマガジン「月刊ラップ」の刊行など、シーンに大きなインパクトを与えた。

TARO SOUL
81年生まれのラッパー、歌手。05年に「太郎 & KEN THE 390」としてデビューし、ソロとして『SOUL SPIRAL』（09年）などをリリース。12年にはDJ IZOHとのSUPER SONICSを結成。ボーカリストとしてSHINGO★西成や加藤ミリヤなどの楽曲で幅広く客演する。最新作は『A Bomber's Diary』（18年）。

KEN THE 390
81年生まれのラッパー。ダメレコの筆頭として、EI-ONE、はなびとのユニット：りんご『りんごのりんご』（04年）や、TARO SOUL & KEN THE 390『JAAAM!!!』をリリース。『プロローグ』（06年）でソロデビューし、メジャー進出した

例えば〝ONCE AGAIN〟は、俺的にはわりとピッチに当ててフックを作ったつもりだったの。でも、それをクレと話した時に「〝ONCE AGAIN〟聴いて、ラップサビもいいなぁって思いました」って言われて、「えっ!? あれ、歌サビで作ったつもりだったんだけど」って（笑）。

R そうやったんですね!!

D そこら辺は微妙なさじ加減になってくるよね。

――作る側の思惑もそうだし、リスナー側の解釈によっても変わりますね。

R でもDさんの作るサビは、ラップサビであってもどこか歌っぽさが昔からずっとあると思うんですよね。〈気付かないならかざしな人差し指を〉っていう、あれがDさんっぽいメロディやなって。あの、この話をしたら怒ると思うんですけど、その……**『俺に言わせりゃ』**。

――ライムスターに『俺に言わせりゃ』の話をすると怒る説が（笑）。

D まあ……話しなよ。

R ハハハ！ 怒ってる（笑）。『俺に言わせりゃ』とか『Egotopia』の時も、メロディがあったと思うんですけど、そのメロディ感っていうのは、やっぱ

のち、11年には自主レーベル「DREAM BOY」を設立し活動する。最新作には『Unbirthday』（19年）。

〝Dream Boy〟

KEN THE 390のアルバム『DREAM BOY～ある晴れた日の朝に～』（12年）に収録。

PES

76年生まれのラッパー。リップ・スライムのメンバー。メロディアスなラップが特徴的。12年にはソロアルバム『素敵なこと』を発表。Neetz『Figure Chord』（19年）収録の〝Notion feat. 唾奇, PES & MUD〟や、lyrical school〝Tokyo Burning〟（19年）のプロデュース

レゲエとかからの影響ですか？

D　それもあるね。あと、俺は最初「演歌っぽい」って言われたの。

R　それ、高木さんともその話が出たんですよ。Dさんはメロディ使いのラッパーだと思う、だけどDさんの持つメロディ感は、洋楽というよりは日本のメロディ感なんじゃないか、って。だた、その日本のメロディも、J－POP的ではなくて、もっと日本の歌謡曲というか演歌とか、もっと土着のメロディの感じを受けてたんですよね。

D　俺はウチが民謡教室だったんだよ。それが染み付いて、こぶしを回す感じになったのかも知れない。でもそれは『俺に言わせりゃ』の頃だよ？　ホント思い出したくないんですよ（笑）。

R　でも名作アルバムですよ。『俺に言わせりゃ』は。

D　まだその話するの？（笑）

R　土着のメロディ感っていう部分では、これはジブさんから聞いたんですけど、**2WIN**がレコーディングしてる時に歌が聴こえてきて、それに対してジブさんが「歌うのは良いけど、ちょっとヒップホップとして欲しいメロ

など、ニューカマーとのコラボも旺盛に行っている。

『俺に言わせりゃ』

93年に発表されたライムスターの1stアルバム。

2WIN

14年に結成された、BAD HOPのメンバーであり、実の双子であるT-PABLOWとYZERRによるユニット。Zeebra主宰のレーベル「GRAND MASTER」に所属。アルバムには『BORN TO WIN』（15年）。

ディ感と違うな。それだとJ-POPだよ」ってアドバイスしたんですって。で、T-PABLOWとYZERRの中ではJ-POPのことを「J」って呼ぶらしくて、「俺らは生まれ育った頃から『J』に触れてきてるから、『内なるJ』が出てしまうんです」と（笑）。

D 良いフレーズだね、「内なるJ」（笑）。

――それでBAD HOPのレコーディングでも「いまのフレーズ、『J』出てるから、それやめよう」みたいなチョイスをしてるみたいですね（笑）。

R 俺は「内なるJ」も肯定派なんですけど、先輩たちはどのラインで考えてはるんやろうなと思ってて。

D 「内なるJ」は自分の中にもやっぱあるはあると思うんだけど、最高に「内なるJ」を解放して成功したのはクレじゃないかな？

R あぁ〜、まさしく。

D あいつはもともとJ-POPを好きで聴いてきてるし。逆に言うと俺はそんな聴いてないから、そこまで「内なるJ」は多くないと思う（笑）。だからってUSや本場っぽいメロディが出てくるかって言ったらそうでもないんだけど。ただ俺っぽいラインはあるらしくて、桜井和寿さんに「君のメロはインドっぽいね」って言われた（笑）。それはスケールとして民謡っぽい、演歌っぽいというか、ドレミファソラシドの中で、どこを通っていくメロディを作るかっていう話で。だから俺は**「ヨナ抜き」**みたいな日本の音階だったり、インドの音階みたいにメジャースケールではない音階を選ぶんだろうね。

R それが俺が土着的と感じる部分かも知れないですね。ホンマにDさんのフロウは、絶対Dさんからしか出てけぇへんっていう、ラッパーとしていちばん大事なオリジナリティが、そこからにじみ出てると思うんですよね。またマボロシの話なんですけど、特に『ラブシック』ぐらいからDさんはメロディへのアプローチが変わったと思うんですよ。続く『マボロシのシ』で、ぐっと音楽的、歌詞的な方向でライムスターとは別の方向性を提示して、その経験や蓄積が、『マニフェスト』に繋がったと思ってるんですね。

――Dさんにとってもマボロシでのチャレンジは大きかったですか？

D マボロシの時は、俺とタケ（竹内朋康）でしか出来ないことに対して意識的だったから、宇多丸さんが入るとサビとして成り立たなくなっちゃうよ

「ヨナ抜き」
長音階において「ファ」と「シ」を使用しない音階法。雅楽などで使用される。

うな歌メロっぽいことも試してみたり。そこでの実験結果を『マニフェスト』に持ち帰ったんだよね。その経験を今はどう思ってるかと言うと、やっぱメロディはサビとしてとんでもなく強い。

R　ですよね。

D　一気にキャッチーになるし、フレンドリーになるし、みんなが歌いやすくなる。だから、出来ることなら、メロディがあるようなもので、ヒップホップ的に格好良く聴かせたいっていう思いがあるね。ただ、これはラップサビが効果的に映える、これはメロに行かないとおかしい、っていうトラックからの要請もあるし、それに合わせて組み立てていくっていうね。

R　より音楽的な作り方というか。

D　そうなってきちゃってるね。少しずつ音楽が分かってきちゃったからさ。でも、Rなんかいきなり歌ってるもんね。

R　俺はホンマにフロウとメロディが表裏一体どころか、もうがっつり一緒に出てくるんですよね。

D　最初にメロディが付いた状態でフックやラップが出てくるんだ？

オートチューン
歌声やラップに対して用いられる音程補正のエフェクト。歌声を設定されたピッチに合わせることが出来る機能だが、その反面、ロボット声のような機械的で画一的な音色になってしまう。しかし、そのエフェクトが逆に新鮮とされ、現在では本来のピッチ制御の機能に加えて、ボーカルエフェクターとしても使用される。ヒップホップではＴＲＡＰの楽曲に重宝されている。

R　そうなんですよ。世代か分かんないですけど、俺より若い世代はもっとメロディとフロウの境界線は無いと思いますよ。しかも、**オートチューン**もあるから、歌の上手い下手の線引きもないというか。

――正しいオートチューンの使い方ではあるよね。Dさんもマボロシ**〝ヒーロー〟**などでオートチューンを使われましたね。

D　君ら、好きだね〜マボロシ（笑）。

――僕は〝ヒーロー〟聴くと100％泣くんで（笑）。

R　俺も!!　あの歌詞はストーリーテリングとしても最高で、1ヴァース目と2ヴァース目の主人公の視点とフレーズが重なるところなんて、神懸かり的で……。そしてDさんの声とフロウとリリックが全然オートチューン負けして無い、というよりオートチューン勝ちしてる！　あと大好きなのが**〝Mr. Yesterday〟**。俺はそんな恋愛経験多くないんですけど、ちょうど2年前ぐらいにバッツーンと大きい失恋があって、その時にあの歌詞の意味がちゃんと分かりました。

D　ハハハ！

〝ヒーロー〟

マボロシの3rdアルバム『マボロシのシ』（09年）に収録。

〝Mr. Yesterday〟

『ラブシック』に収録。

R　この曲のDさん、超リリシストですよね。もう「わかるわ〜」って。

D　この曲に感情移入するってことは相当引きずったんだね。

R　そうなんですよ、やっぱり俺も〈染色体数xとy〉でした。

D　でも、女の子はそんなのぜんぜん待ってないから！

R　だからホンマに「**Miss Brand New Day**」なんですよ。

D　スパーンって次に行くから。何にも心配いらないから（笑）。

R　でも、それも僕がヒップホップに抱いてる感情に近いんですよ。Creepy Nutsで〝阿婆擦れ〟っていう曲を出したんですけど、それは女性をヒップホップに例えてるんですけど、ヒップホップっていう女性は、その時代ごとのスターを愛すじゃないですか。

D　うん。

R　時代が移り変わると、その女性はすぐに次に乗り換えてしまう。でも、その時々のラップも好きな俺としては、ずっと引きずったまんま「また新しい男が出来たんかい」ってその女性に対して思うと同時に、そこがまた魅力的に見えたりもするんですよね。

「Miss Brand New Day」

流行り物のブランド好きの女性を皮肉る言葉。サザンオールスターズの曲名に由来。

ヴァージョン更新中のMummy-D

——Dさんはプレイヤーとして30年以上、リスナーとしてはもっと長い期間、その時代の移り変わりを見られていますね。そういった感情は〝**ナイスミドル**〟にも表れていると思うんですが、そういったあまりにも早い「移り変わり」に関してはどう感じられますか？

D　面白いなぁっていうのが一番じゃない？　やっぱり「あれ、このフィーリングが好きだったのに、もう次に行っちゃうの？」って瞬間もある。例えばサンプリング主体だった90年代から、**ティンバランド**とかが出てきてビートがチキチキし始めた時期、「またチキってるよ。俺はチキチキじゃねぇんだよ！」ってなったもん。

R　ハハハ！

——めっちゃわかります（笑）。

D　でも「ん？　なんかちょっといいかも」っていう1曲がポッと現れると、バーンとチキへの許容量が広がって、自分もそのビート感を参考にしたりす

〝ナイスミドル〟
ライムスターの9thアルバム『ダーティーサイエンス』（13年）に収録。

ティンバランド
90年代中盤から活躍する音楽プロデューサー。ジェイ・Z、ジャスティン・ティンバーレイクなど、ヒップホップやR&Bのヒット作を数多く手掛ける。

るようになったり。それは最近だとTRAPだよね。
R　間違いないですね。
D　TRAPはとにかく新陳代謝だったよ。このままヒップホップが**ブーンバップ**のビートのまま行ってたら、ちょっとつまんなくなりそうだったのに、それをTRAPがガラッと変えたんだから、「やっぱアメリカってすげぇな」と思うよ。
R　既に今の世代のベーシックなヒップホップってTRAPですからね。出てきた時は2〜3年は流行るかなと思ったら、どうやらこれ長いぞ、っていうかベーシックになって来てるわ、みたいな。
D　新しいものが出てきてちゃんと新陳代謝するのが、ヒップホップの面白さだよね。しかもBPMが70とかそれ以下になったせいで、ラップのスタイルが変わったのがとにかくデカい。今まではマス目のある原稿用紙に書いてたものが、一気に自由帳になったんだよ。
R　あー！　その表現はまさしくそうですね。
D　普通に1小節を16分で刻んでたのを、8に落としたり、32に寄ったり、

ブーンバップ
BoomBap。いわゆる90年代の東海岸ヒップホップに多く見られる、サンプリングを主体にしたサウンドクリエイション。

ロジック
90年生まれのラッパー。17年に発表した自殺防止を訴える〝1-800-273-8255〟が大ヒット。自らを「若きシナトラ」と呼び、色白で眼鏡姿のナードな外見ながらも、正統派リリシストとして評価が高い。最新作は『Confessions of a Dangerous Mind』（19年）。

〝Wu Tang Forever〟
ロジックの4thアルバム『YSIV』（18年）に収録。

そこに3連符を入れたり、ＢＰＭも70から倍の１４０で取ったり。それだけスキルの出せる幅が広がったっていうのは、革命と言ってもいいと思う。

R より自由にラップを乗せれるようになりましたね。

D だからエミネムみたいなベテランにも刺激になってるんだよね。それからロジックは並じゃない。

R すっごいことしてますね、ロジックは。俺と同世代やし、ロジックも〝**Wu Tang Forever**〟って曲で**ウータン**のメンバー全員集めて自分のアルバム入れたりしてるんですよね（笑）。

――〝**Homicide**〟も、ロジックのエミネム愛がすごいもんね（笑）。

R あいつ、超ヘッズなんですよ。だから俺も気持ちがわかる（笑）。ＴＲＡＰも一時みたいにマンブル一強じゃなくて、**ジョイナー・ルーカス**みたいにすごくタイトなラップとリリシズムで勝負する奴も出てきてるし、自由に何でもできんねや、って思いますね。

D Ｒも結構ズルい符割りしてるじゃん。色んなの取り込んじゃってさぁ(笑)。

R そうやって色んなものを取り込むのは、Ｄさんがそうやったからですよ

ウータン・クラン
92年にRZAを中心に結成された、ニューヨークのヒップホップグループ。93年の1stアルバム『Enter the Wu-Tang (36 Chambers)』が大ヒット。個々のメンバーのソロ活動も活発。

〝Homicide〟
ロジックの5thアルバム『Confessions of a Dangerous Mind』（19年）に収録。

ジョイナー・ルーカス
88年生まれのラッパー。若手リリシストとして名高く、17年に発表した『508-507-2209』はコンシャスかつ巧みなリリックでUSシーンに衝撃を与えた。代表曲には、人種差別問題を扱った〝I'm Not Racist〟や実際の殺人事件を題材にした〝Ross Capicchioni〟など。

(笑)。**〝Future Is Born feat. mabanua〟**のDさんのラップみたいに、時代時代によってラップのフロウの先端だったり、新しい泳ぎ方、その時代の走法に対して、「俺もそれ出来るよ」ってDさんはちゃんと見せるじゃないですか。基本的なDさんのフロウとかラップはありつつも、ちゃんと若手と同じスピードでそれ以上にも走ることが出来るっていうか。

D それは嬉しいなぁ。それは意識してる、実は。〝Future Is Born〟の頭の3連符もそうだし、〝ガラパゴス〟の……。

R あっ! 3ヴァース目!

D そうそう。一時期流行った畳み掛け方をやってみたりさ。

R そこにDさんのオリジナリティが残ったまま、それをやってるのが俺はすごいなって思うんですよね。

――新しいことにチャレンジして飲み込まれてしまう人もいるけど、Dさんはそうじゃないですね。

R 時代が変わって、スタイルが変わったら、その方向にスキルを完全に全振りする人もいる。でも、Dさんは自分の大切な部分を残したまま、同じ土俵に

〝Future Is Born feat. mabanua〟

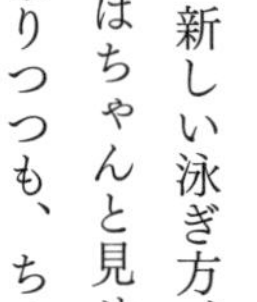

ライムスターの11thアルバム『ダンサブル』(17年)に収録。

立って戦ってますよね。で、また新しいスキルが出てきたら、そこに対抗していくっていうのは、ホンマにラッパーとしてすごいなと思うんですけどね。

――Dさんはそういうアプローチをするのは、単純に面白いからですか？

D 面白い。だって飽きちゃうじゃん。30年もやってるんだよ（笑）。でも生き残ってる人はみんなそうだよ、この前もジブさんとテクニック論の話したんだけど。

R 何すか、その神々の会話（笑）。

D すっげぇ面白かった。

R めっちゃ訊きたい。あと、マボロシで言葉を伸ばしたりとかフロウとして……。

D ……うん。R、これダメだ。終わんないよ（笑）。

R 思いが溢れてもうた。すみません……でも、もう少しお願いします（笑）。

We LOVE RHYMESTER

R 俺にとってライムスターは「自意識を扱ったラップ」っていうのが新し

かったと思うし、自分にとってその部分がデカかったんですよね。(初期の)『俺に言わせりゃ』も『Egotopia』も、アメリカ発の文化を日本人がやることの難しさとか滑稽さを分かった上で、でもこれは格好いいんやって提示する。だから、普通に日本で生きてきた俺が、ヒップホップ好きになって、それをやりたいって思う気持ちと、このアルバムでのメッセージが、ホンマに重なったんですよね。それは一貫してライムスターの中にあるし、俺は〝ザ・グレート・アマチュアリズム〟が日本人の日本人による日本人のためのヒップホップの一番美しい姿やと思ってて。

D でも、そういうことに一番悩んでる頃だったよ、『グレイゾーン』の時って。2000年を中心として、日本語ラップバブルみたいな時期があって、そこで色んなラッパーが登場したんだけど、一方でUSのヒップホップが**ブリンブリン**なジュエリーをつけて、不良じゃないとダメっていう流れになってきて、それに日本のヒップホップも影響を受けるようになって。そういう状況が強くなった2003～04年とかは、「自分たちはもう王道じゃなくなってるんだな」って、ちょっと落胆してたんだよね。

ブリンブリン
Bring Bring。邦訳すると「キラキラ」のような意味で、金やダイヤが光る様子を表す擬音。転じて高級な装飾品やアクセサリー、宝飾品などを表すようになった。

R　だから『グレイゾーン』の帯にあった、「異端にして王道」っていうあのフレーズが生まれたんですね。

D　そうそう。メインストリームの中心がズレた感じだったし、海外を見回しても、参考になるアーティストが一人もいないわけよ。いたとしても、**ビースティ・ボーイズ**ぐらい。

――その時期から海外では複数ＭＣの掛け合いで、内容はコンシャスでというアーティストはガクッと減りましたね。

D　そうそう。そういうブリンブリンのヒップホップか、日本だったらキックとかリップがどんどん売れてったから、その二極化の中で俺らはどっちにも馴染めない！　って。いったら、いまのクリーピーと一緒だよ（笑）。

R　〈オレはどこにもなじめない〉〈サグでブリンブリンまたポップ　セルアウト　型にはまればトップセラー〉っていうリリックはいまこそ響いてきてますね（笑）。

D　それはいまのお前らがそうだから響くんだよ（笑）。

R　でも、ライムスターは頑なにどっちにも寄らずに、自分たちの立ち位置

ビースティ・ボーイズ
Mike D、King Ad-rock、MCAによるヒップホップユニット。初期はパンクバンドとして活動、80年代中盤からヒップホップ色を強める。"Fight For Your Right"（87年）が大ヒットし、以降も『Ill Communication』（94年）や、『Hello Nasty』（98年）などをリリース。90年代中盤よりポリティカルな側面も強め、「フリー・チベット～チベタン・フリーダム・コンサート1996」の開催や、911やイラク戦争に向けた政治的なメッセージも発信した。

のままで進んでくれたし、そういうメッセージを出してくれた事で、救われたやつもかなり多いと思うんですよね。〝グレイゾーン〟も、白か黒かに振り切れちゃって思考停止しないで、「ホンマか？」「俺はそうか？」みたいにずっと思考しつづけることが「グレイゾーン」ってことやと思うし、それは自分の考える基盤にもなっていて。

D それがドンキとヴィレバンの曲（**〝どっち〟**）になるの？

R これがね……なるんですよ（笑）。「WANTED!」でも「俺はインテリでもあるけど、不良すぎない。このバランスが俺なんだよ」ってDさん仰ってて。ライムスターはまさしくそれというか。だって早稲田の三人がラップするのに、俺たちみたいなボンクラに寄り添ってくれる。そして文系の超おしゃれサブカルでもないし、体育会系な超ハードコアでもない、みたいな。その「真ん中」な、両極に振り切らない部分が、やっぱりライムスターのバランスだと思うんですよね。

D なるほどね。俺もRに聞きたいことといっぱいあったんだけどな。

R え？　マジっすか!?

〝どっち〟

Creepy Nutsの2ndEP『助演男優賞』（17年）に収録。ヴィレヴァン＝サブカルチャーにも、ドンキ＝不良にも馴染めないスタンスをラップした曲。

D　だから今度は飲みながら話そうよ。終わんないよ（笑）。

――では締めとしてお伺いしたんですが、DさんからRくんに期待することは？

D　ホントによくやってるなぁって、いつも感心しながらCreepy NutsとかRの楽曲は聴いてるんだけど。

R　ありがとうございます！

D　サブジェクトのトピックの幅も、もうちょっと広がっていくと、どんどん良くなっていくと思うんだよね。今はわりと自分たちについて歌うのが中心になってるけど、もうちょっと普遍的なテーマとか、そういうことを歌えていけば、またひと皮剥ける気もする。あと、松永のトラック含めてなんだけど、とにかくクリーピーは情報量が多いんだよ（笑）。

R　やっぱそうですよね。

D　お前らの弁当、白米全然入ってない（笑）。

――揚げ物ばっかりみたいな（笑）。

D　ちょっと気が抜けたり、ただただ気持ちよく過ぎていく瞬間をリスナーにください（笑）。

R　いや〜、そこが壁やって感じてて、ホンマに。精進します（笑）。

D　でも「グレイゾーン」的な発想だったり、ライムスターっぽいって言ったら語弊があるけど、スタンスや立ち位置も含めて、俺らのなにかを受け継いでくれる人ってあんまりいないから、頑張って欲しいし、Rも松永もそのスタンスを貫いて欲しいね。

R　ありがとうございます。僕もライムスターには、とにかくずっと続けていって下さいとしか言えないですね。ずっと見ていたいんで。ホンマに常に進化して、ライヴも常にぶちかましてくれる先輩たちが、ずっとおるっていうのは、俺らにとってはとにかく励みになるし、その背中をずっと見せて欲しいなって。そして新しいアルバムも期待してます！

D　うわ〜、それ思い出させる？　いま（笑）。

R　「20年代のライムスター特集」が出来るようにお願いします（笑）。ライムスターはもちろん、諸先輩方のクラシックももちろんこのイベントで掘り下げたり掘り起こしたりして考察したいんで、引き続きお話させて下さい。

D　うん、頑張ってよ。楽しみにしてる。

PHATRNK

Rの異常な愛情　―或る男の日本語ラップについての妄想―

2019年9月25日　第一刷発行
2019年11月27日　第三刷発行

著者　R-指定
聞き手／構成　高木″JET″晋一郎
アートディレクション デザイン　山﨑健太郎　武藤将也(NO DESIGN)
発行人　田中辰彦
編集人　宮原清志郎
撮影　岡本武志　髙橋慶佑
発行所　株式会社白夜書房
〒171-0033　東京都豊島区高田3-10-12
電話　03-5292-7751(営業部)
03-6311-7225(編集部)
製版　株式会社公栄社
印刷・製本　大日本印刷株式会社

初出
第1章～第5章は、「BUBKA」2019年3・4・6・8・10月号に掲載されたものをそれぞれ大幅に加筆したものです。第6章、対談は本書オリジナルです。

JASRAC出 1909649-903